变与不变

邹俊杰 著

第二辑

山西出版传媒集团
书海出版社

图书在版编目（CIP）数据

变与不变. 第2辑 / 邹俊杰著. —太原：书海出版社，2015.2（2019.10重印）
ISBN 978 - 7 - 80550 - 984 - 6

Ⅰ.①变… Ⅱ.①邹… Ⅲ.①围棋 - 布局（棋类运动）
Ⅳ.① G 891.3

中国版本图书馆CIP数据核字（2015）第005342号

变与不变（第二辑）

著 者：	邹俊杰
策 划：	姚 军
责任编辑：	梁晋华
助理编辑：	张 洁
装帧设计：	陈 婷

出 版 者：	山西出版传媒集团·书海出版社
地 址：	太原市建设南路21号
邮 编：	030012
发行营销：	0351—4922220　4955996　4956039　4922127（传真）
天猫官网：	https：//sxrmcbs.tmall.com　电话：0351—4922159
E — mail：	sxskcb@163.com　发行部
	sxskcb@126.com　总编室
网 址：	www.sxskcb.com

经 销 者：	山西出版传媒集团·书海出版社
承 印 者：	山西出版传媒集团·山西新华印业有限公司

开 本：	787mm×1092mm　1/32
印 张：	9.25
字 数：	160千字
印 数：	5 001 - 8 000册
版 次：	2015年2月第1版
印 次：	2019年10月第2次印刷
书 号：	ISBN 978 - 7 - 80550 - 984 - 6
定 价：	25.00元

如有印装质量问题请与本社联系调换

序

在年少学棋的时候，老师除了先把围棋的基本规则讲给我们之外，最先教的就是定式了，普通的星位挂角定式，复杂一些的小目挂角定式。慢慢地，经过记忆和反复的实战演练，大小上百个定式都能够牢记于心中。再后来，水平有所提高，对定式也有了自己的想法，有时不再满足于传统定式的下法，而去刻意求变，也就是下出所谓的"新手"。虽然大部分都以失败而告终，但偶尔也会获得成功，不管成功与否，都会再去进行研究和尝试，仿佛是为了研发出属于自己的独门秘籍一样，并一直乐此不疲。

有一段时间，《围棋天地》杂志上有一个名为"清风研究会"的专栏，集合了当时的好多位一流高手，对一些比赛中下出的"新手"进行深入研究，列出诸多变化图，分析优劣，最后再进行总结。我是每期必看的，好像武功秘籍一般，如获至宝。看完后总是迫不及待地付诸于实战去进行演练，如果对手恰巧没有看过，就一定会被我占得便宜。

时至今日，布局和定式上的创新从未停止，一些老的定式在当今的围棋理念下，已经不能称之为定式而遭到了淘汰，同样，人们也开发出了很多以前根本没有的定式下法。然而，如何在这不停变化的世界中占得先机、甚至独占鳌头？我想，唯有一颗探索、求知的心吧。

本书深入浅出地介绍了当今流行的定式以及定式后续的诸多变化，若能熟练掌握，以此为基础，相信棋友们在布局阶段能够更加得心应手，挥洒自如。

时　越

| 前　言 |

前　言

　　写本围棋的书，是近年来一直就有的想法。从7岁开始学棋至今，从事围棋这个行业算起来应该有27年了。也许对很多前辈来说，27年并不算多长，但绝不算短了。人生又有几个27年呢？想写本书，主要是想对自己有个交代。可究竟该写一本什么内容的围棋书呢？从2002年开始，我就给《围棋天地》写棋评，动笔对我来说似乎并不是太难。可杂志约稿和出书还是有很大的区别的。约稿被固定了题材和限制了篇幅，更多的是在执行一种任务。而写书是自由的，我可以完全按自己的想法来进行。可现在琳琅满目、各式各样的围棋书籍，实在太多了。我不想模仿，模仿对我没有任何的挑战性。正是因为上面的困惑，而且自己的情绪也一直在做斗争，因而迟迟没能动笔。终于有一天我想明白我要的是什么了。因此，就有了今天的"变与不变"。

　　如今，市场上大部分围棋书大致可分为三类。

　　1.对局集。

高手大量的实战对局，从中可以学习到高手的行棋思路。可对于大多数棋友来说，要想快速提高棋艺，光开阔思路，作用非常有限。毕竟，执行力是第一位的。

2.死活题。

很多棋友都知道做死活题是提高计算力的方式，也确实可以快速地提高水平。可是，做死活题是很辛苦而枯燥的。棋友们只是把围棋当成一种爱好。下棋本来是一件快乐的事情，一旦变了味道，意义就不大了。

3.定式大全。

这确实是一类比较实用的书，让棋友们快速地掌握基本的下法，能够马上在对局中去应用，起到立竿见影的作用。不过，现在的定式大全都是很早以前就出版的。里面很多下法，在当代已经淘汰了。并且，里面的变化也不尽详细，棋友很多时候看得也是一知半解。

打个或许不太恰当的比喻。我们都知道，开车是需要拿驾照的，但拿到驾照只是表示你会开，那么开得好不好呢？在真实的路况中，打弯的角度、并线的时机、刹车的距离、停车的窍门等等都是学问。"变与不变"就是一本可以让棋友们能够在实战中经常运用到的，能够快速掌握局部下法的，能对棋友的棋力真正起到快速提高作用的书。这就是我的初衷。书

前 言

中有很多内容是高手们研究的结晶,当然也有我自己多年的研究和判断以及对围棋的理解。

考虑到棋友们的水平参差不齐,也为了照顾那些正在努力进步的棋友们,我想尽可能地把变化讲得浅显易懂。也许,棋友会觉得有些地方讲评过于拖沓,但为了照顾大部分人的胃口,实在是不得已而为之。

书中对最近流行的布局、常用定式有较深入的研究,也有局部很激烈的搏杀,对提高计算力、了解定式以后的下法都是很有帮助的。不过,我还是善意地提醒棋友们,计算力固然重要,但方向和判断也绝不能忽视。所以,沉迷在书中搏杀的同时,多体会高手的理解和判断,我想对您会更有帮助!如果您总是执着于书中所讲述的套路,总想着下次对局时能够让对方"中刀",也许在短时间您的胜率会有所提高,也会带来更多胜利的喜悦。不过,从提高棋艺的角度来看,您已经偏离"正途"了!况且,我现在所讲的变化,只代表现阶段的研究结果。也许在不久的将来,就会有更新的变化来推翻以前的结论。还有那些复杂至极的搏杀,我也很难保证完全正确。就算是死活题也有出错的时候,更何况是一些大型的研究课题。围棋博大精深,本人的能力也确实有限,如书中出现一些失误,还望读者们多谅解。

如果非要把"变与不变"做一个概述,我想把它比喻成一道菜,一道四川的麻辣鸳鸯火锅。有清淡、有麻辣,各式各样的菜煮在锅里,成为一道丰富美味的大杂烩。可能有些人吃不惯清淡,受不了麻辣。又或许,对一些食材过敏。但我相信,里面一定会找到您喜欢的菜。

目 录

目 录

第一篇 ·················· 1

第二篇 ·················· 63

第三篇 ·················· 97

第四篇 ·················· 127

第五篇 ·················· 165

第六篇 ·················· 195

第七篇 ·················· 209

第八篇 ·················· 273

第一篇

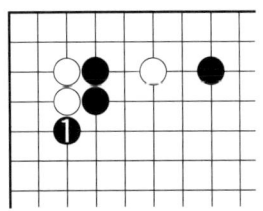

基本图一

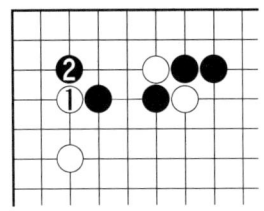

基本图二

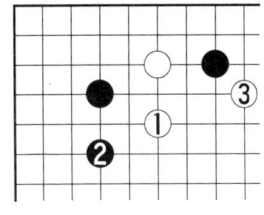

基本图三

第 一 篇

一间低夹的定式对于棋友来说太熟悉了,闭着眼您都不会下错。但对于前面三个基本图的变化,又有几个朋友能解答呢?这是对局中经常出现的棋形,但据我的了解,很多棋友都一知半解。我在下让四、五个子的指导棋的时候,经常靠这些简单的定式就获得便宜。如果,您掌握了这里的所有手段,也许,就该是我"投降"的时候了。

图一　右上的定式都流行到"吐"了。放心,我不会"忽悠"我的读者,如果我只是在讲定式,您不如买一本《围棋定式大全》。为了方便大家的理解,我设定了一个常见的布

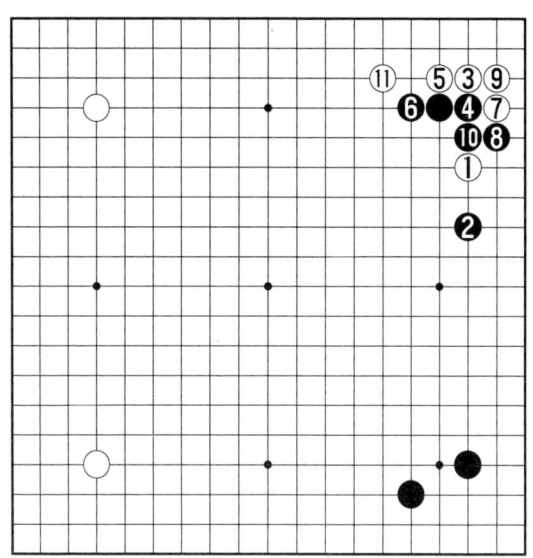

局,这样大家在了解局部的同时,还可以和全局相结合起来使用。

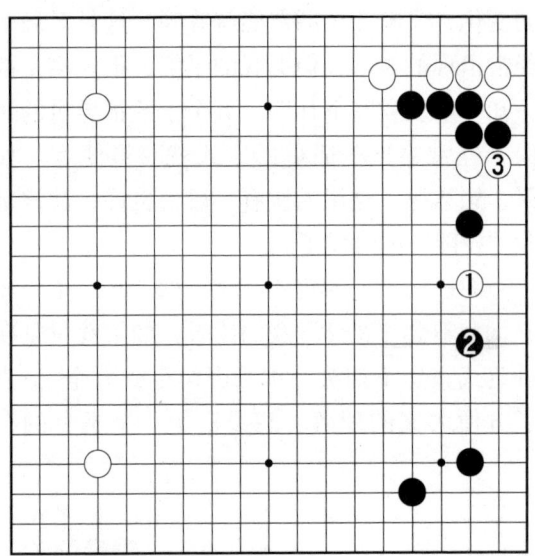

图二 对于定式以后的下法,你究竟掌握了多少呢?

白1打入,黑2必然,在自己的阵势里,决不能允许敌人轻松安定!

白3夹,我们来看看这里的变化。这是常见的棋形。我始终认为,对于爱好者来说,常见的才是最实用的。就如同打台球,在学习如何走位或使用何种杆法之前,您必须先学会如何进球!否则,一切都是空谈。

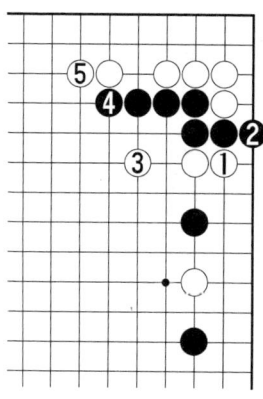

图三 黑2是不动脑子的下法。被白棋先手分断，黑棋整体被攻，就一个字——惨！

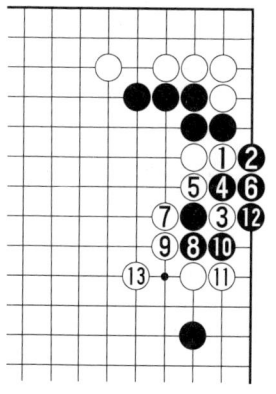

图四 黑2扳是一种应法。不过黑4的下法您千万别考虑，如果图三判的是无期，图四就是死刑。您可以高喊一声：谁敢比我惨！

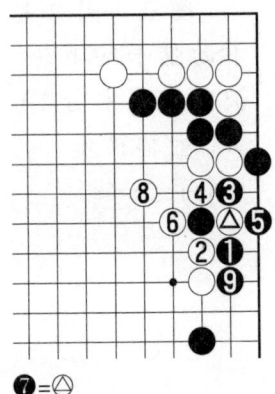

图五 黑1是一种应法,但现在局面并不适用。

白棋把黑棋压得很低,黑不满。

⑦=△

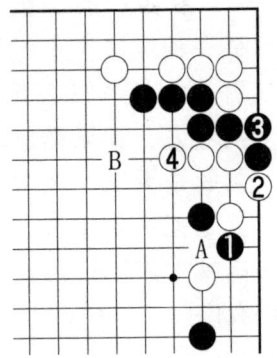

图六 白2打吃,黑3是恶手。

白4长后,A、B两点黑无法兼顾,瞬间崩溃。

第 一 篇

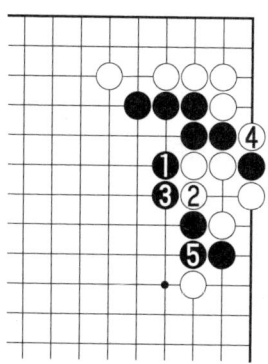

图七 黑1虎是正手,白棋虽掏到一些实地,但在开局阶段,黑棋在外围辐射的面更广,白棋不满意。

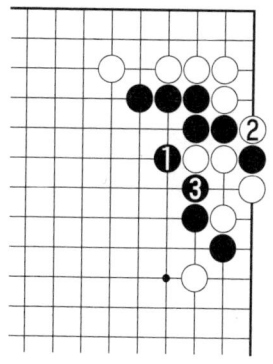

图八 白2单提,黑棋可以3位顶。

白棋不行。

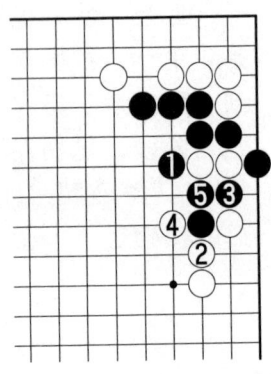

图九 局部,黑1虎之后,白2、4应则两子被吃,白棋无趣。

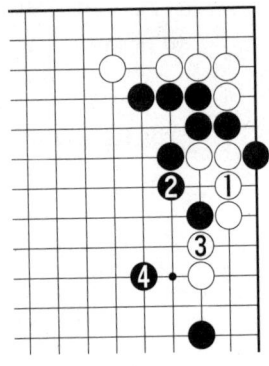

图十 这是常见的定型。

在开局阶段,白棋还是动手太早。

或许您会认为白3似乎有点呆。其实,白棋自身棋形有缺陷,有不得已的苦衷。不信您自己试试把步子迈大点看看。

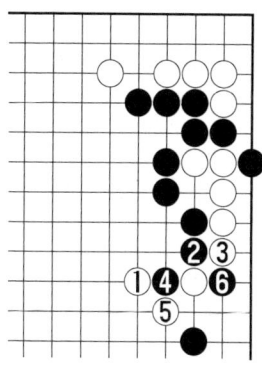

图十一 黑2顶时,白总不好意思6位立吧。如此,整体没眼,苦不堪言。

可白3挡,被黑4一挖,也无法抵挡。

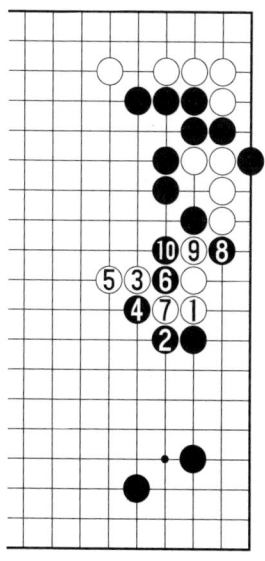

图十二 白1顶,一头撞上去,用俗手强行出头。

首先,白棋的下法本身就很损,黑棋下边的膨胀有目共睹。更何况,白棋依然还有缺陷。将来,黑4尖的手段,让白棋很是难受。白5不长,活得窝囊。可要骨气,有时结果会更坏。

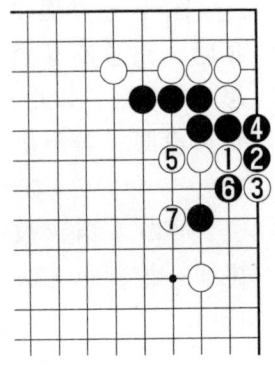

图十三 白3打吃完,长出也是手段之一,黑棋要小心。

至白7,如单就局部而言,黑棋已经很难处理了。

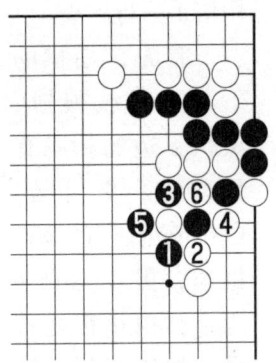

图十四 黑1扳,白棋断,黑棋自身气紧,动弹不得。

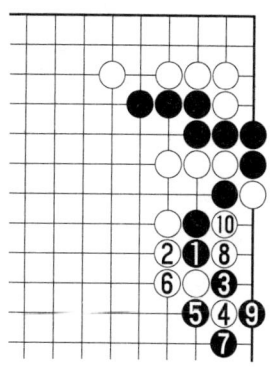

图十五 黑不能扳,那么只好试试顶了。

白4连扳是此时的强手,黑棋反击的结果是两子被吃通,晕菜!

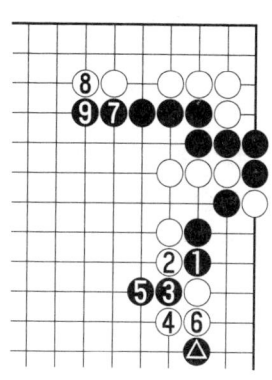

图十六 好在,此局面黑▲位有子。

黑棋可以顶断战斗,至黑9,局面很复杂。

黑3也可以在二路扳过,但有委屈之感。

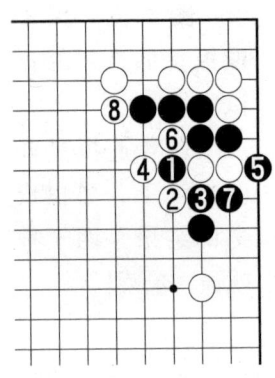

图十七 黑1上扳，可以防止图十三的变化。

不过，白棋留有2位扳至白8贴起的手段。黑5不要在6位接，别什么子都不舍，该花的钱还是要花的。

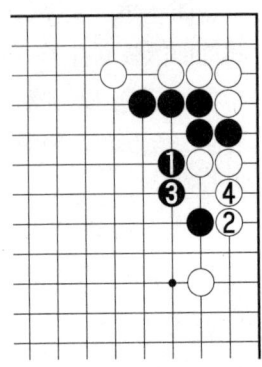

图十八 白2托，当然也可以。不过，与图十作比较，细心的读者一定会发现，此图黑棋已经便宜了。

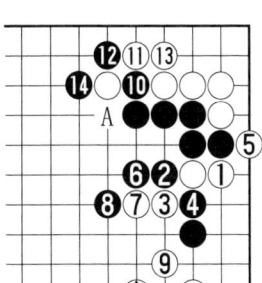

图十九 在白棋△位有子的情况下,黑棋需要小心白棋5位渡过的手段。

由于征子不利,黑6只好长,白棋吃掉黑两子,形成转换,大致两分。

此图需要注意的是黑A位的征子关系。如不能在14位吃,黑棋就很难收场了。

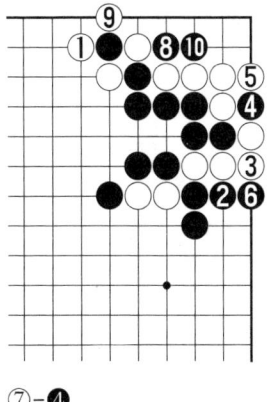

图二十 白1不能从这边吃,否则角里要出棋。

⑦=❹

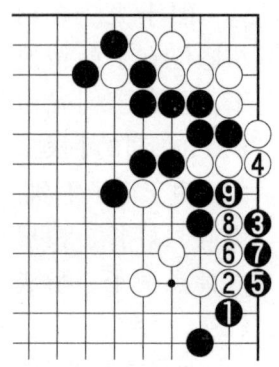

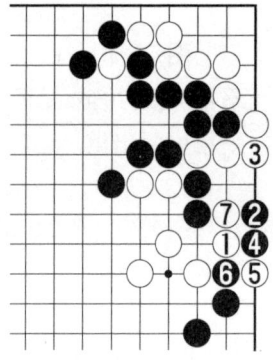

图二十一 此局部当黑1尖时，白棋需要小心。

白2想当然地一挡，上当了！

黑3跳是绝妙的好手。白4如不粘，被黑棋抢先扑入，棋筋即被吃通。

至黑9，黑棋利用白棋的气紧关系，巧妙地回家了。

图二十二 白1尖才是正确的应手。

黑2如法炮制时，白5先扳是好次序，至白7，黑棋仅仅是得到一些官子便宜。

到这咱们也已讲了不少变化，关键是根据场合如何应用。看看职业高手的对局吧，我想您或许会有所启发。

第八届中国招商银行杯快棋赛

黑方　刘菁　白方　丁伟

黑中盘胜

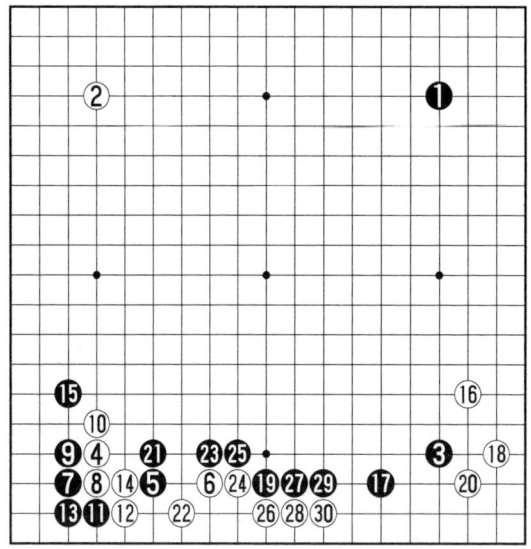

黑19紧紧逼住，白20脱先抢空。黑21长，也是变化的一种，黑棋如果二路夹，担心白棋21位虎，黑棋没有太严厉的后续手段。

白22尖好棋，如果想当然地二路拐过，黑还是23位靠住，白棋再26位扳的时候，黑棋就可以28位连扳。实战白棋虽然被压在二路，但局部已经活棋，黑棋也没有走到明确的实空，是双方均可接受的局面。

2009年围甲联赛

黑方　王磊　白方　党毅飞

黑胜1¾子

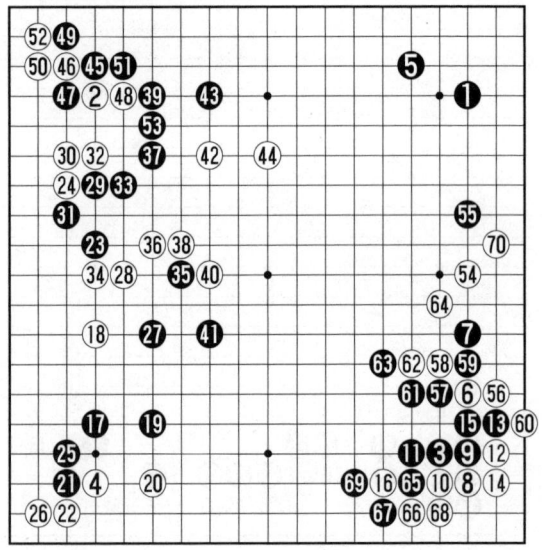

白54打入，意图很明显。面对小将的挑战，在明知征子不利的情况下，黑55还要强行逼住，王磊早就料到了白棋的手段。黑69征吃一子，也有收获。局部两分。

第一篇

2008年围甲联赛

黑方　俞斌　　白方　赵哲伦

黑中盘胜

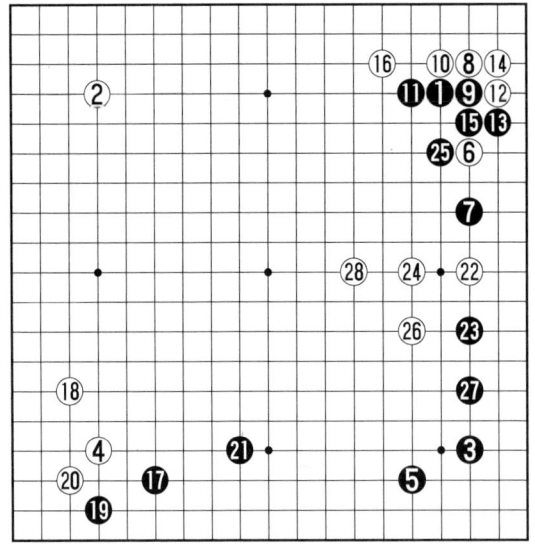

配合下边的模样，黑25太想跳在26位。

看来，俞斌老师认为上方夹的手段难以抵挡。

黑25自补是本手。不过，白棋能够抢到26位镇，心情同样很愉快。

再来看一个有关一间夹的变化。

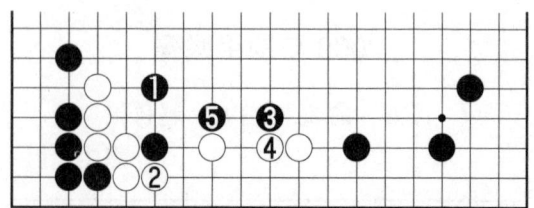

图二十三 图中的格局在实战中也经常遇到。喜欢打谱的棋友一定知道黑1跳,以下是压缩白棋的手段,但知道,并不一定了解。我有很多业余界的棋友,经常是跳了再说,美其名曰,这是职业的招。我想说,造型是学得不错,但内涵上,还有距离。围棋在不同的场合下,招法也是不同的。黑1的下法本身有损空之嫌,并不是绝对的一手。

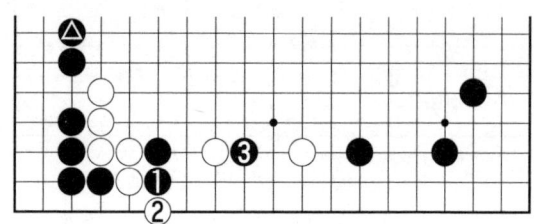

图二十四 比如,当黑有⚫位一子时,黑1、3的手段会有怎样的变化呢?我相信至少一半以上的棋友,对此都如云里雾里般毫无头绪吧。不急,耐下心来仔细看,您会大有收获的!

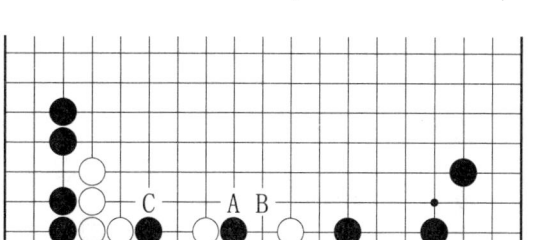

图二十五 白1防守,黑2下立后,白棋A,则黑B,白无法封锁。

黑棋不仅分裂白棋,将来还瞄着C位长出的手段,黑无疑是成功的。

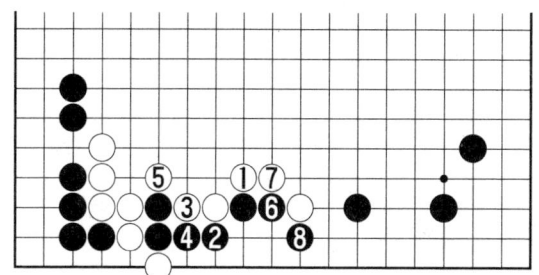

图二十六 白1上扳,黑2连扳,以下至黑8,黑棋也算是获得了一些实地。虽也无不可,但黑棋的下法稍微温柔了些。

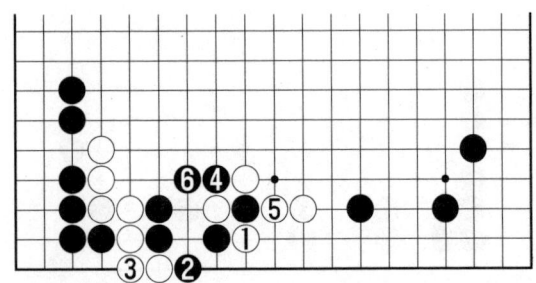

图二十七 上图中白3如在1位打吃,黑4打吃是好手段。

至黑6,可以看到白棋吃掉一子却没有得到眼位,白左右两边不活,明显苦战。

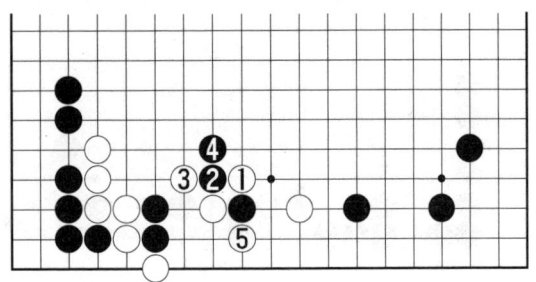

图二十八 白1上扳时,黑2断才符合现在暴力围棋的特点。

可黑4长,没有掌握精髓。至白5,黑棋没有严厉的后续手段,无功而返。

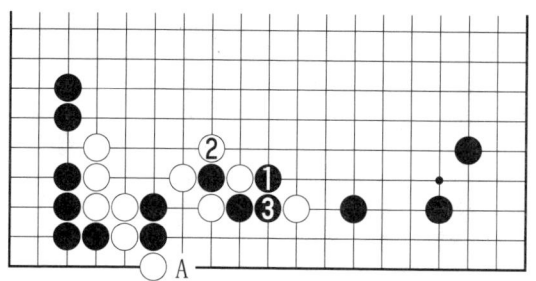

图二十九 黑 1 反打才是正确的手法。至黑 3，黑虽被拔掉一子，但同时也得到一子。将来，A 位打吃，还可救回两子，黑棋整体实地上还是占便宜的。此图的变化，大致是双方最佳的结果。

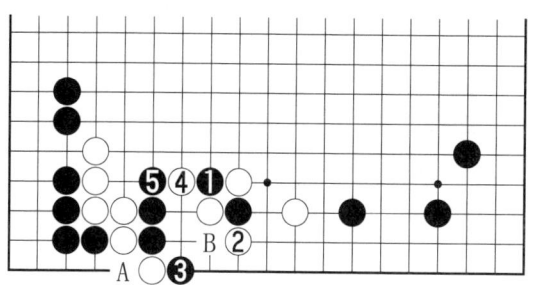

图三十 黑 1 断时，白 2 如打吃，黑 3 打，白如 A，则黑 B，将还原成图二十七。白 4 抱吃，黑可 5 位冲出，白棋左边几子危险。

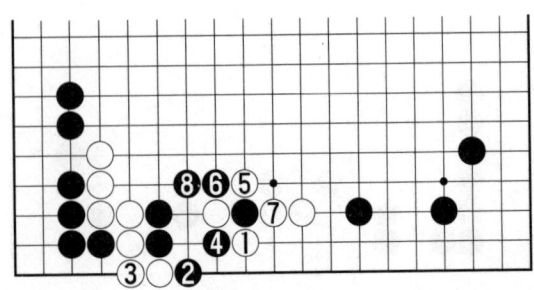

图三十一 再来看一下白1下扳的变化。黑2、4依葫芦画瓢,至黑8,还是还原成白棋苦战的结果。

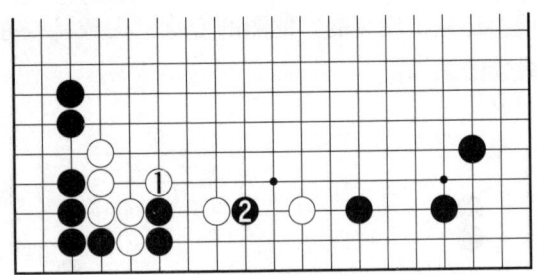

图三十二 白1即使上扳,黑2靠,白棋也不好对付。

这里的悬念就交给读者们吧。结合上边的几个变化,开动一下你的大脑。

看到这,是不是恍然大悟,原来这里还有如此严酷的手段啊!您先别激动,这招是需要等待时机的。左边黑之前并的一子起着关键性的作用。咱们再接着看。

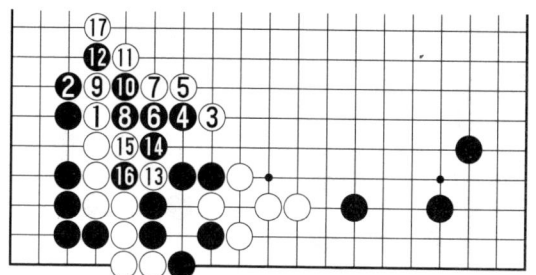

图三十三 如黑棋贸然出击,还原成图三十一时,白1压是先手,白3的飞罩,黑难以抵挡。至白17的变化,形成打劫。

可要在开局阶段找到与之匹配的劫材,对黑来说实在有点困难。

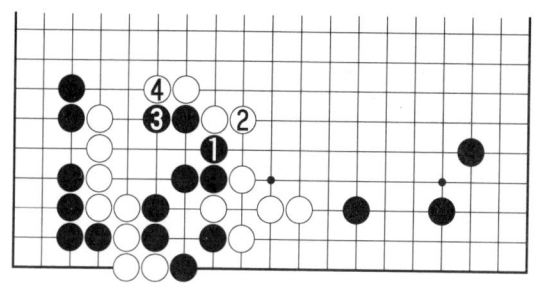

图三十四 黑1先顶,白2退,黑棋无法冲出包围。最多和上图一样,形成打劫。

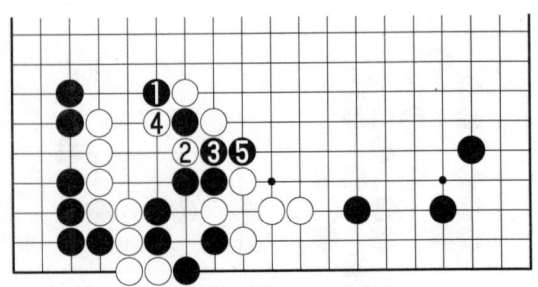

图三十五 黑1扳是局部最强的抵抗。白如4位吃,则黑2粘,刚好可以逃出。不过,白2简明拔花,放黑出来即可。此图,黑棋对白棋构不成任何威胁,只是单纯逃孤,作战明显失败。

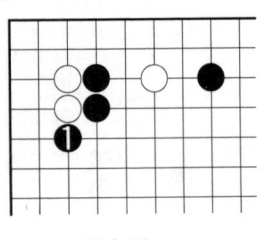

基本图一

基本图一 几乎所有的人闭着眼都会下一间夹的定式。但对于基本图一中黑1位扳的变化,您真正了解吗?

试问您遇到这样的局面,能经得住考验吗?

第 一 篇

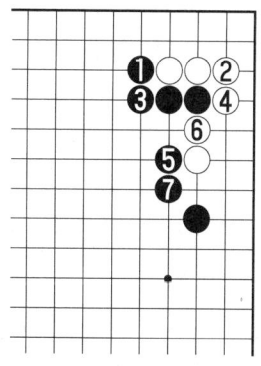

图一 白2下立，是最简明、最安全的手段。

如您拒绝复杂，即使是上帝也无法将白棋阻断。

至黑7，黑棋将左边完封。如不考虑配置的因素，就局部而言，黑棋要稍稍有利一些。

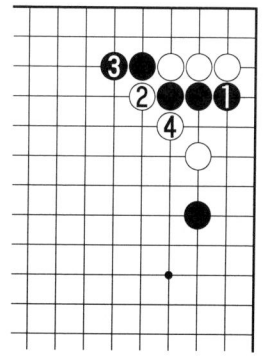

图二 冲动是魔鬼！至白4，黑棋三子全部阵亡。

黑棋脑子发热，造成无法挽回的结果。

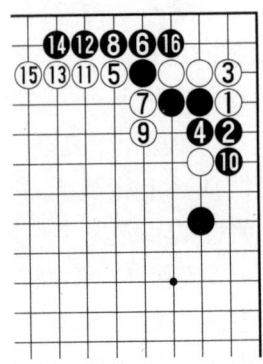

图三 白1扳才是局部的最强手。接下来，白5夹是相关联的好手。

黑6不立下，则当初扳下就失去了意义。

白9长，并不是最好的选择。至16，黑棋吃掉白角。

不过，千万不要以为白棋崩溃了。

就局部来说，白棋并不算差。在有些场合，可以考虑此图的下法。

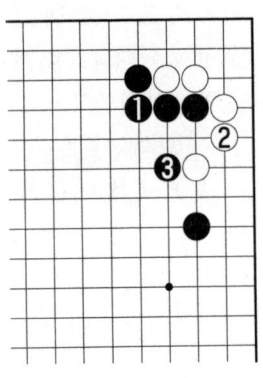

图四 黑1粘是不能考虑的。与图一比较，外围的厚薄一目了然。

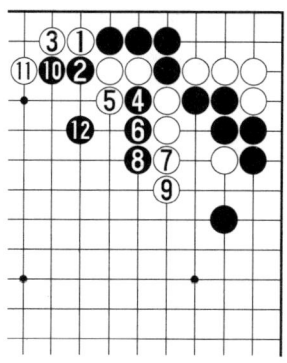

图五 白棋如1位扳下,由于自身毛病太多,显然不行。

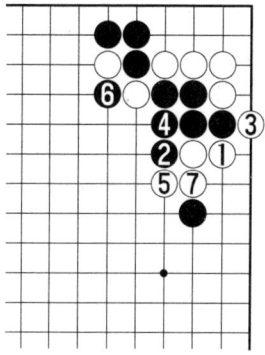

图六 白1直接夹,才是局部的正解。

黑2只能虎,至白7是白棋不错的定型。

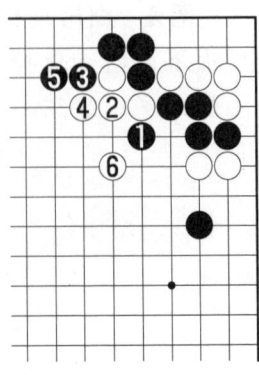

图七 黑1如从这边打吃,白2粘上后,黑上边需要跑。

而白6夹,黑棋无法抵挡。

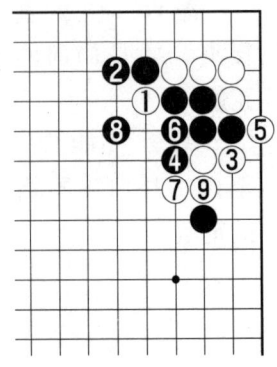

图八 在征子有利的时候,白棋1位直接断更好。

然后3位夹。黑棋无法征吃,只能选择4位扳。

变化至9,白棋比图六更为有利。

第 一 篇

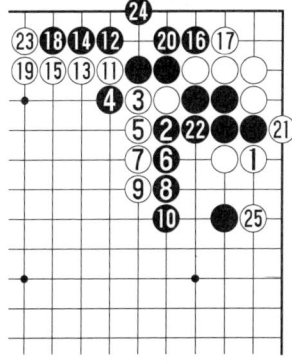

图九 来看看黑 2 打吃的变化。黑棋左右要兼顾，疲于应付。

黑 10 如果在 21 位立，被白棋在 10 位扳头，黑棋难以忍受。即使能吃掉白角，黑棋也是大败。

黑 24 活得很委屈。白 25 托，白棋只需做活就可以。

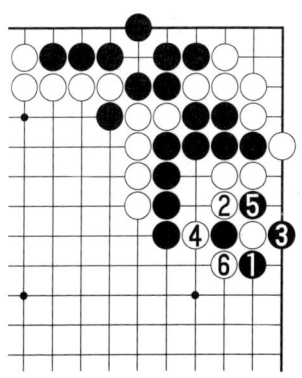

图十 接下来，黑棋如果强杀白棋，将会形成打劫，可惜一般在开局阶段，黑很难找到与之匹配的劫材。

图十一 黑1长，白2压，黑棋依然不好下。上边需要照顾，而当白4跳的时候，黑棋下边的棋形已经动弹不得。

棋友们应该知道如何应付黑棋扳下的手段了吧。

下次，如果遇到对手胆敢向你挑衅，照着书上所写的，杀他个落花流水！

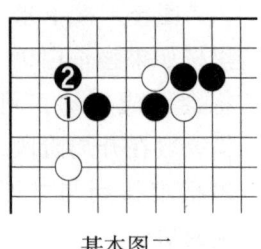

基本图二

基本图二 黑2扳的下法是否成立呢？

其实这里的变化远比您想象中的复杂。

细心地看下去，我一定让您大开眼界！

第 一 篇

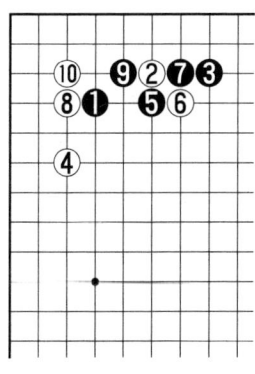

图一 这是棋友们熟悉的定式。

可有些人就不喜欢下定式,您怎么办呢?

所谓,防人之心不可无,还是把自身本领加强才是关键!

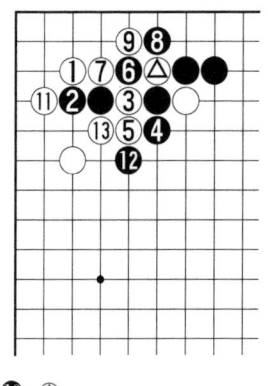

❿=△

图二 白 1 点角,想躲避基本图二黑扳的变化。黑 2 冲下,至白 13 双方必然。这样的定型是黑棋好的变化。当然,白 11 也可以直接在 13 位拐,但局部也是黑棋稍好。

第十一届 LG 决赛三番棋第三局

黑方　周俊勋　白方　胡耀宇

黑胜半目

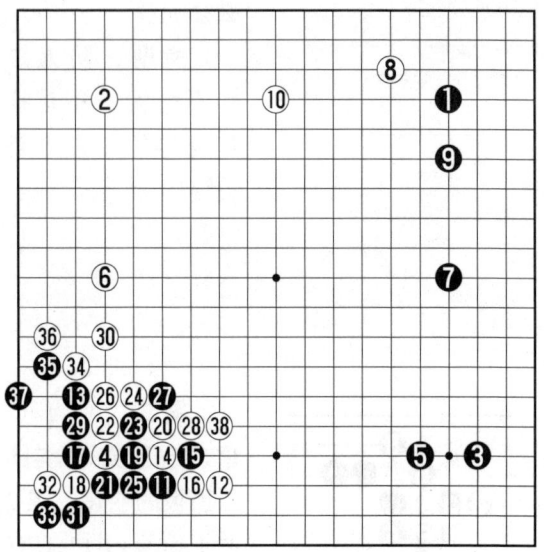

这是台湾棋手周俊勋的夺冠之局。

左下角是这个大型定式中最普通的定型。

值得注意的是，此局面白棋先布下了三连星，那么如果白 6 位没子，黑棋会有哪些手段呢？

第 一 篇

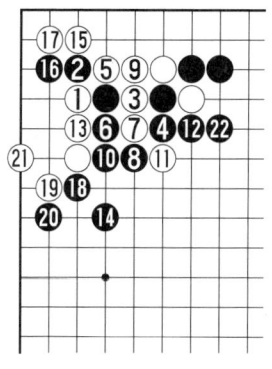

图三 这是双方简单的定型。黑白颠倒一下，与上图的实战相比较，黑棋少了边星的一子，形状上更为舒展，因此，此图是黑棋有利的变化。注意，白 11 先打吃是必要的次序，否则，黑棋会在 11 位粘。

图四 白直接 1 位托，是局部最复杂的变化。您是不是有点晕了呢？冷静，有付出才会有回报。虽然变化有些复杂，但如此常见的定型岂不是您下棋时给对手装刀的好机会吗？性价比如此高，还是值得投入时间的吧。黑 2 如松气，白 5 夹是经典的手筋，将立即崩盘。

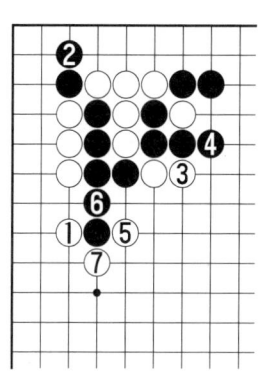

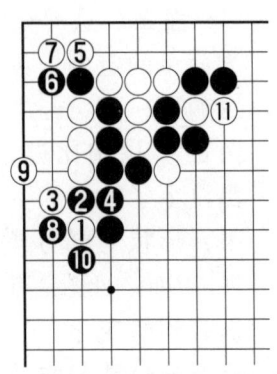

图五 为了防上图白棋的手段,黑选择2位挖。白5需回防。至黑10,白棋当初托一子被扳损失很大,但争到了宝贵的先手而11位跑出。这才是白棋真正的目的!

白棋要在这里和黑棋决一死战。

看仔细啦,这里的变化极有可能会助您快速搞定对手。

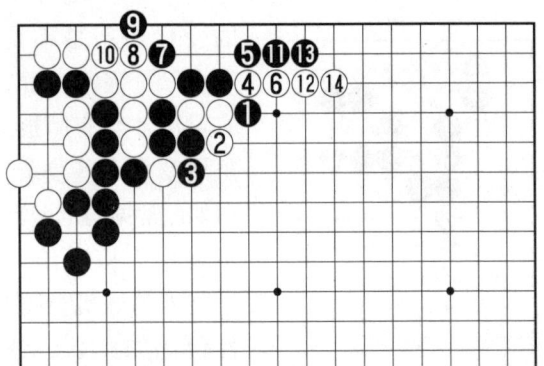

图六 白4断,黑棋被压制在下边。开局二路爬太多,局部肯定是黑吃亏。不过,对局时还是要注意全局的配置。

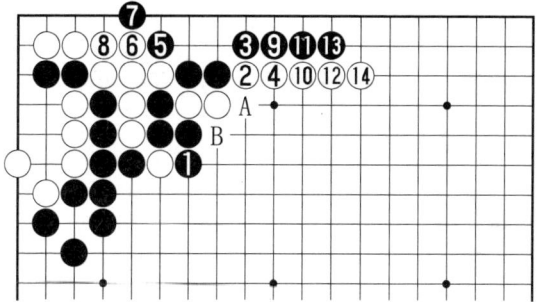

图七 黑1单拐吃，白2位扳，着急啦。黑棋少了A、B的交换，白棋当然不能满意。

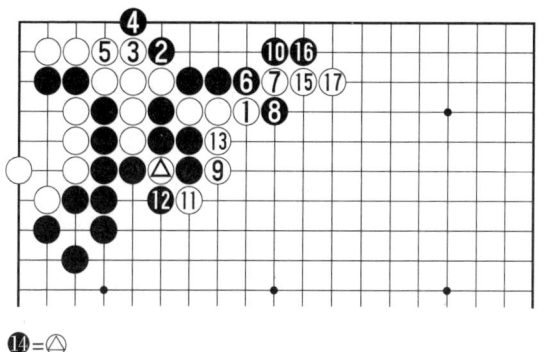

⑭=△

图八 白1长，冷静的好手。黑棋依然很难跑出白棋的包围。白9夹是紧凑的手筋，值得学习。黑10还是只能二路吃。至白17的变化与图六相比大同小异，黑棋依然苦战。

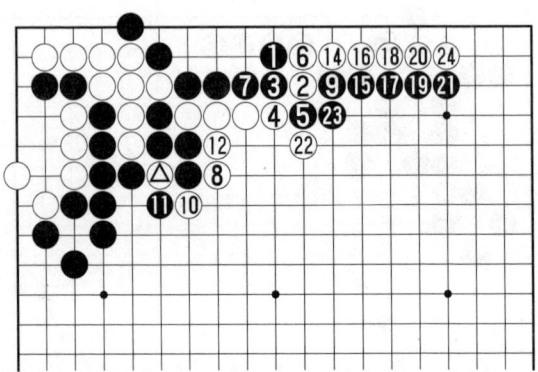

⓭=△

图九 黑棋爬不行,改1位飞,白棋也跟着飞,压制!

为了尊严,黑棋愤然冲断。黑7是为了延气,否则白于7位冲,黑棋立即被吃。

白8靠出,黑棋不敢再跟着应。否则,白15位跳出,黑棋抓不住白棋中央,上边无条件交代了。

黑棋只好强杀白棋右边,但白10兜打是先手。白棋二路爬,黑棋挡不住,对杀黑棋气不够。

通过以上几个变化,可以看到,就局部而言,黑棋危险。不过,我还是要提醒朋友们一句,一定要注意周边的配置,尤其是右边子力的情况。别没搞定对手,反被倒打一耙。

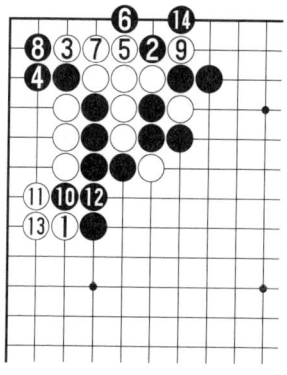

图十 别以为变化已经完了,还早着呢!当初白1托时,黑2扳才是最顽强的抵抗。

白5挡,不能退让。黑棋8位拐,至黑14形成打劫。

战斗会怎样呢?

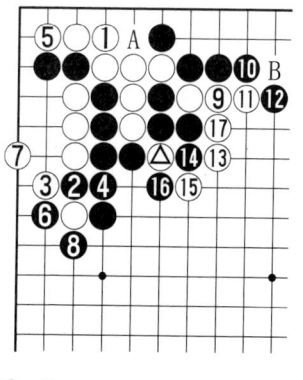

⑱=△

图十一 白如1位粘,黑2挖以下双方必然。注意,由于白1没能在A位紧住气,白B位的断即不能成立。如此,白棋陷入苦战。

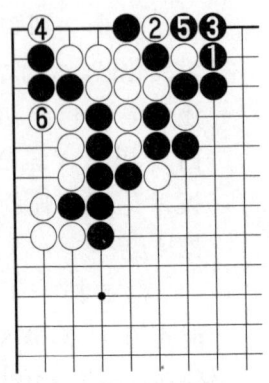

图十二 回到图十的变化来。我们先看看角上杀气的情况,黑棋如不打劫,对杀是白棋快一气。

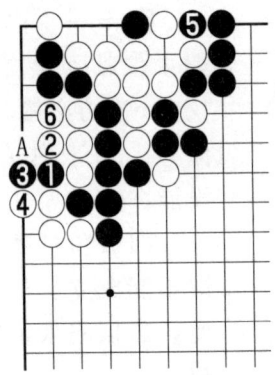

图十三 黑1断是骗着,大家需要小心。白4方向正确。如果吃在A位,角上将形成打劫杀。

棋友们可以自行检验一下。

第 一 篇

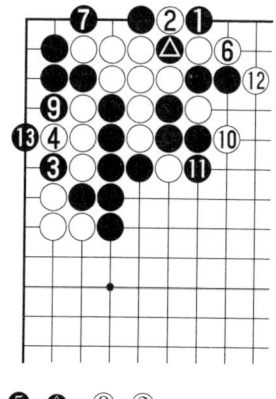

❺=▲ ⑧=②

图十四 回到打劫的变化。黑9寻劫时,白棋已经不能再应,以下形成转换。虽然黑棋吃住了角,但右边损失也极为惨重。

从结果来看,是白棋不错。

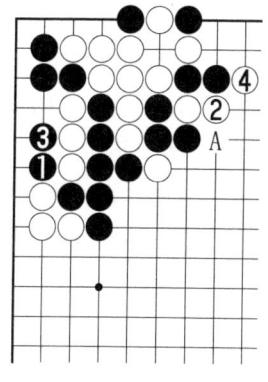

图十五 黑1断找劫时,白2跑也是一种下法。

黑不能在4位退,否则白3位应劫,白棋A位的一系列劫库,足以一举打"爆"黑棋。

至白4的转换,白棋也不错。

如本图与上图作比较,我更倾向于本图的下法。

当然,这仅仅是从局部来考虑的。

39

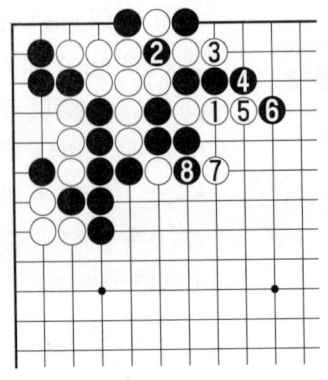

图十六 也许您会问,黑2提劫呢。这又是一场复杂的对杀。一定要确定自己完全掌握了变化,再去试刀啊!否则,您很可能要玩火自焚的!

当然,如您不愿意冒险,选择图十四即可。

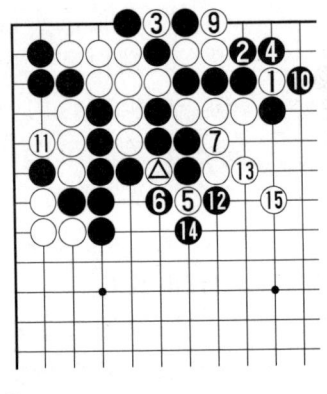

❽=△

图十七 接上图,变化至白15尖出,白棋实空不少,只需要处理好中央即可,是白不错的局面。

第 一 篇

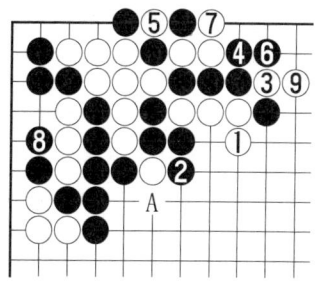

图十八 不过，我还是向大家推荐白1弯出，要砍就要砍到最狠！至白9，吃掉上边五子，优势更明显。黑8如果在9位提，白棋8位吃，黑棋必须在A位补棋，白棋优于上图的下法。

眼花缭乱的变化一定让您大脑有点缺氧了吧！赶紧起身喝杯水，洗个脸，休息一下吧。等心静下来了，您最好能在棋盘上仔细地摆一摆。别嫌麻烦，掌握住一个局部，就是一种收获。当您对每个常见的局部都能做到心里有数，无形中你的棋艺已经在突飞猛进了。就像棋友们佩服职业棋手能够在很短的时间内，有着很深远的计算，其实这全来自于对局部的积累。天道酬勤，学习围棋是没有捷径的。

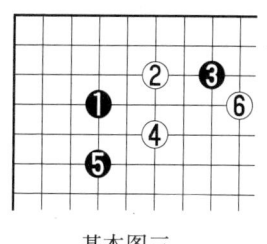

基本图三

基本图三 其实将飞罩的变化放在最后来讲，并不是说这里的变化有多复杂，而是很多定型都无法下结论。

对于大部分业余的棋友来说，判断是个很模糊的概念，总是希望能听到"究竟谁好"这样比较具体的意见。

可是，围棋难就难在它有很多不确定的因素。要把变化讲解得很清晰，难度确实很大，我也只能尽力而为。

为了方便大家对这个局部的理解，我还是以一个最近比较常见的布局作为基础，这样或许能够给棋友们提供更清晰的帮助。

2008 年围甲联赛

黑方　刘菁　白方　朴文尧

白中盘胜

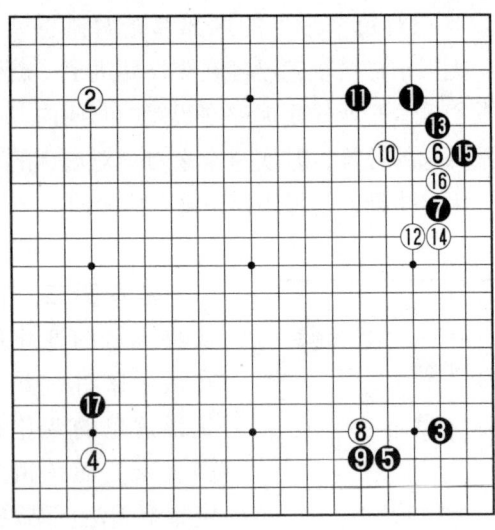

第 一 篇

看看高手的对局，有助于我们更好地理清思路。

白10跳起，黑11选择单关跳起。

黑13尖顶时，白棋挡下选择简明的定式。这是两分的结果。

关于这个棋形，将来会有哪些后续手段呢？

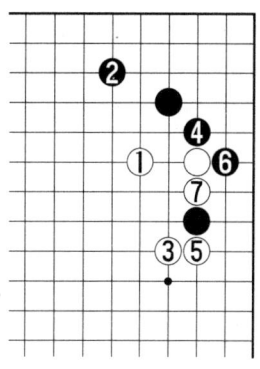

图一 我们先来看一个简单的定式。图一中的定式流行过很长一段时间。但现在的围棋，对目数越来越敏锐。俗话说："手中有粮，心中不慌嘛。"所以，这样的定型，支持黑棋的棋手越来越多。细心的读者一定会发现，在最近的棋谱里已经很少出现这样的定型了。

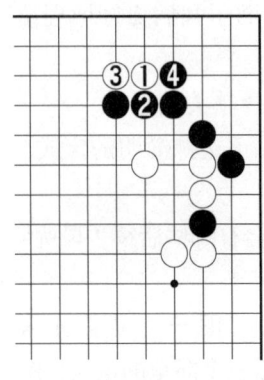

图二 这是刘菁与朴文尧对局出现的棋形。与图一相比较，黑棋高了一路，角部自然就空虚。将来，白棋有1位点的好手段。黑2只好接，作此交换，白棋已经便宜，将来可考虑白3爬出。

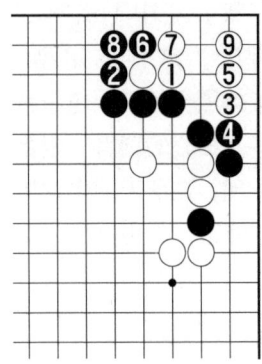

图三 白棋还有向角上爬的手段。

白3点完，5位回并是活棋的要点。

白棋局部净活。

第 一 篇

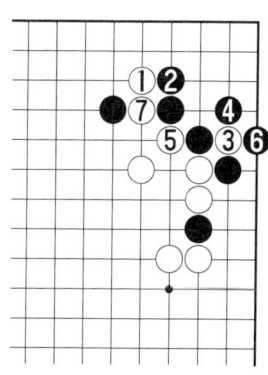

图四 黑 2 不能挡在角里,否则,白 3 断,黑棋顿时无棋可下。

白 7 冲过来,黑棋这回算是损失惨重了。

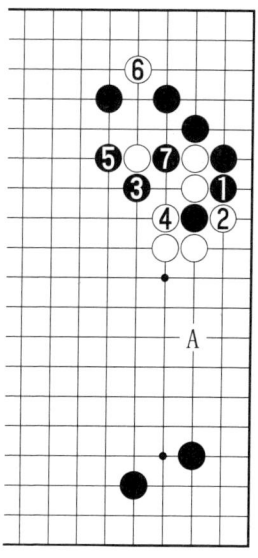

图五 因此,黑棋立即定型很有必要。黑 1 爬、3 靠是经典手筋。将来,白棋 6 位再点,黑棋可在 7 位吃,与图二比较,黑的效率更高。白棋虽然可以活角,但对黑棋整体不构成威胁,并不严厉。

将来,黑棋在 A 位一带夹攻,是很舒服的下一手。

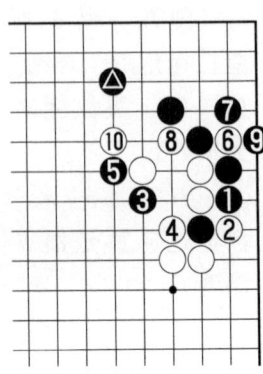

图六 注意,在黑▲位小飞的棋形中,黑3、5的手筋就起不到效果了。白棋可以虎出,冲破黑棋的防线。

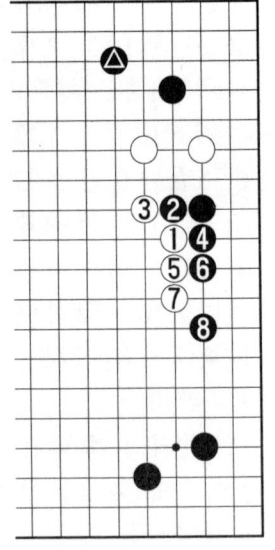

图七 先来看看▲位小飞的一些变化。

黑2至8是最普通的定式,局部是两分。

可现在黑棋右下的"无忧角"位置不理想,边上的配置缺乏美感,黑棋有速度缓慢之感。

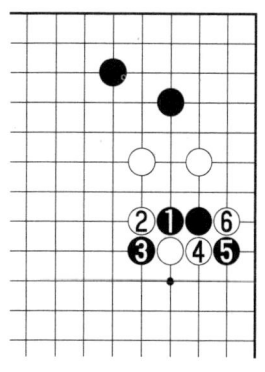

图八 黑1冲断，会如何呢？

白6断是局部的手筋。

没有这步妙手，白棋立马崩溃。

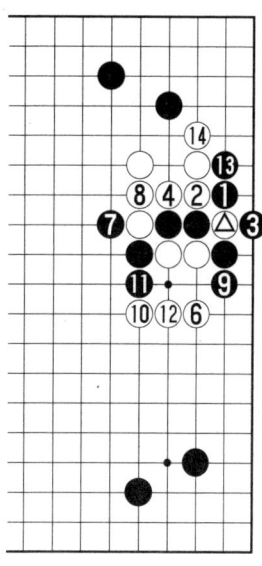

图九 接下来大致变化至白14，这是很复杂的战斗。

不过，在职业棋手的眼里，黑棋早早就在二路行棋，无疑是勉强的。白棋只要处理好左右两块棋，黑棋的实空将会告急。

白棋绝不惧怕这样的战斗。

❺=△

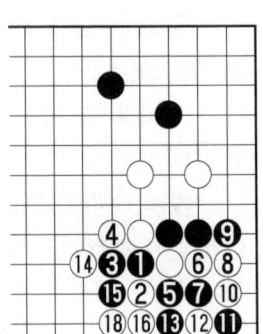

图十 在征子有利时，白棋2位打完再贴，是很有利的下法。

黑棋吃不住白棋，局部很难办。

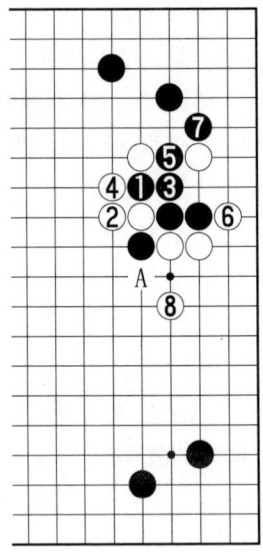

图十一 而黑棋如征子有利时，可从1位打出战斗。

白8跳出，黑会在A位长出作战，局势难解。

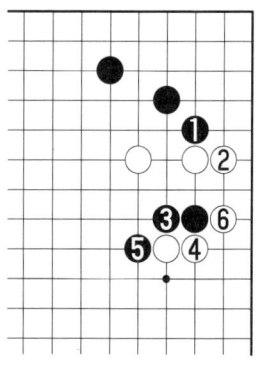

图十二 来看看黑1尖顶、白2立下的变化。

现代的围棋是战斗的围棋，是不会轻易妥协的。

黑3冲，白棋4位挡也是不错的选择，至白6，双方达成妥协。

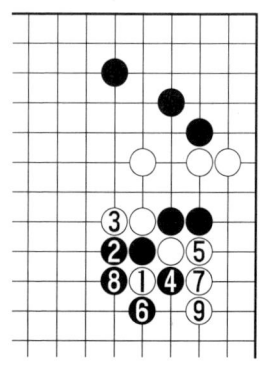

图十三 白1打吃是在征子有利的情况下可以使用的手段。

图十已经做过介绍。接下来，黑6打吃是一种选择，白棋不敢再跑，弃子获取实地。此图也是两分的定型。

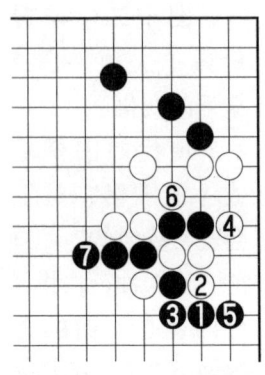

图十四 黑1小尖也是可以选择的手段。白2打吃俗!

虽然吃住了黑棋,但外围被完全封锁,白损失更大。

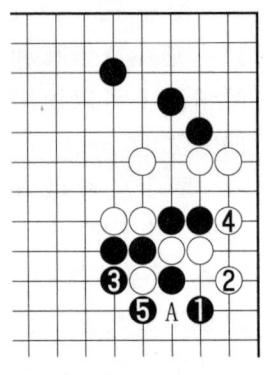

图十五 白2小尖才是局部的正手。

黑3打吃时白棋不能5位跑,否则,黑A位团,白上下无法兼顾。

至黑5,是正常的定型之一。

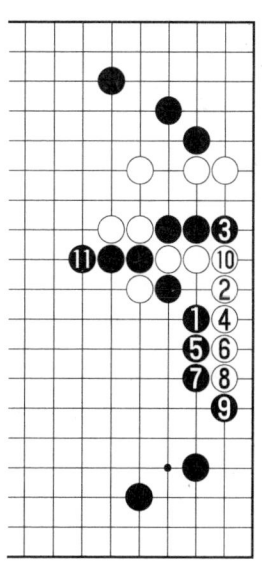

图十六 如黑棋有下边"无忧角"做配合,可以选择3位立下。

黑9可以扳住,至黑11,黑棋下边的形势很壮观。

不过,白棋先手在握。可在下边限制黑模样的发展,局面依然保持着均衡。

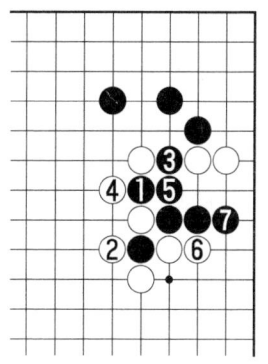

图十七 黑1从这边打,再3位挖虽可以吃住白角,但在开局阶段,中央拔花的威力还是太大。如此,白棋不错。

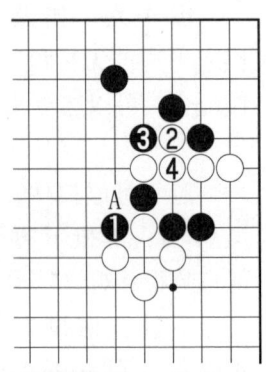

图十八 黑1打上来,企图搅乱局面。

很多棋友在下棋时,都不太会处理打劫。

那么,下边的几个图或许能给您带来一定的启发。

白2自补,冷静的好手。接下来黑棋缺乏好的应手。

角上黑棋不知道该如何补棋,白棋A位的"定时炸弹"随时要引爆。

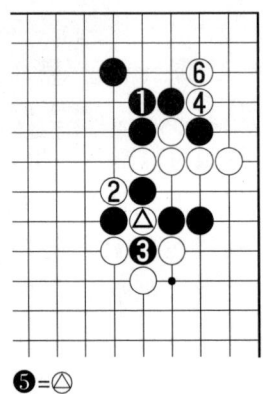

❺=△

图十九 黑1接上边,白2开劫后,转角上。

黑棋外围并不厚,上边四子还需要照顾,无疑是白好。

第 一 篇

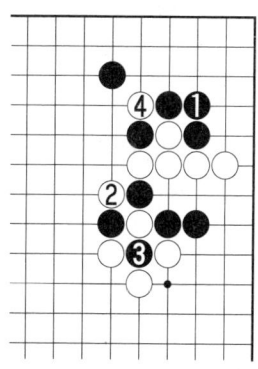

图二十 黑接下边更不行。白4的劫材,黑无法抵抗。

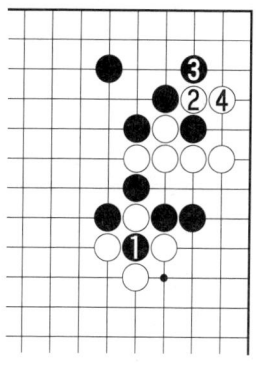

图二十一 看来黑棋只好先提劫。白棋做活,黑棋目数已经损失一大把,外围依然不好处理。如此,黑棋也不行。

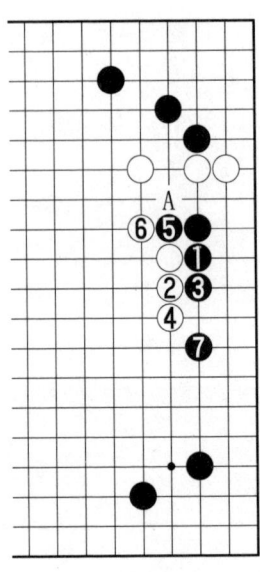

图二十二 冲断的变化您了解了吗？咱们再来看看爬的变化。

黑1爬的下法比较常见，至黑7双方必然。接下来黑棋瞄着A位弯出。

白棋如单纯补棋，又毫无效率可言。

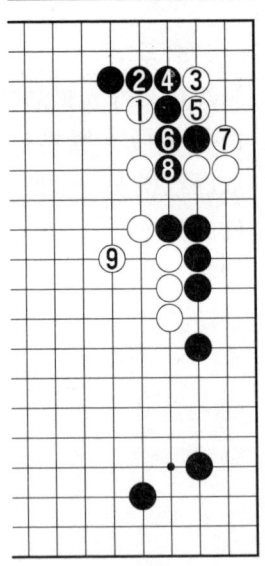

图二十三 白1靠主动出击，真是精彩的手段啊！

围棋得这样下才会显得有趣啊！

至黑8冲过来，黑全部连通，非常厚实。

不过，白棋先手活角后回补中央，白中央也不是被攻之形。整体看黑棋厚归厚，但速度上与"乌龟"有得一拼，黑不满。

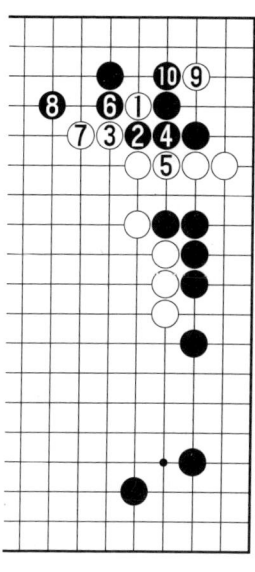

图二十四 黑2挖，提前反击。

至黑10，也是变化的一型。

白棋通过整形，巩固了中央。

局部是两分，但从整体的配置看，黑棋稍有不满。

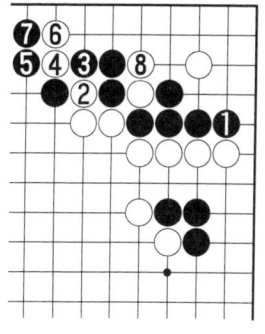

图二十五 白棋点三·3时，黑1挡下过分。

白棋2位冲断后，黑无应手。

看来此局部的战斗，黑棋似乎难讨到便宜。

第四届丰田杯王座战

黑方　谢赫　白方　朴正祥

黑胜 4 目半

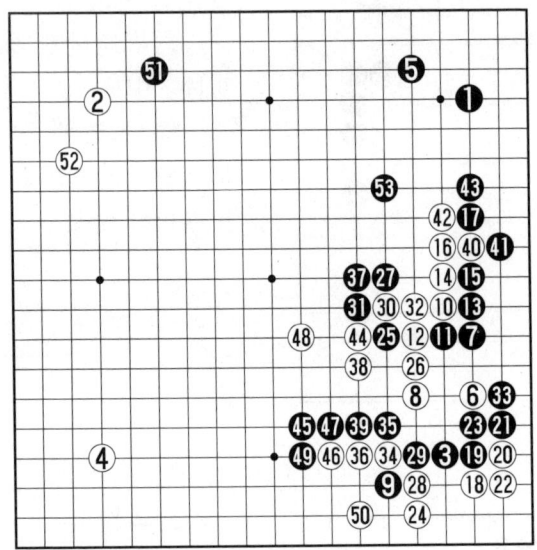

来看盘高手的实战。

黑棋没有在角上尖顶，而是 11 位直接动出。谢赫显然认为先 23 位尖顶，并不便宜。白 18 不肯中央简单防守，凶狠的抢空，符合现在快速的围棋风格，进攻就是最好的防守！

黑 25 拿住白棋棋形的弱点，对白棋展开攻击。

至黑 53，形成难解的局面。

关于黑 9 小飞、白 10 罩的战斗，目前还没有确定的结论。

第十四届 LG 本赛

黑方　胡耀宇　白方　元晟溱

黑胜 1 目半

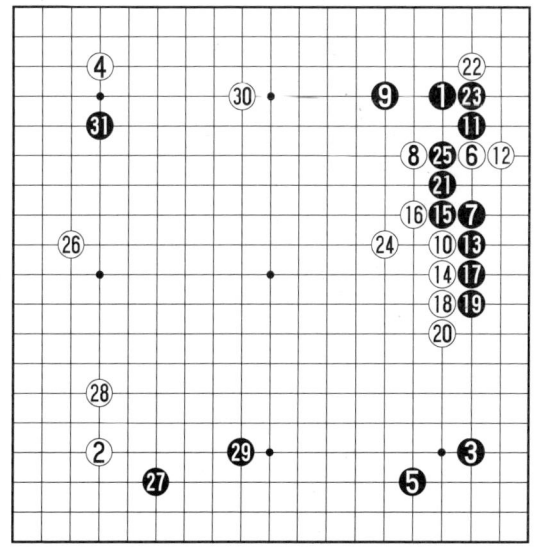

再看盘实战对局，我们回到黑单关跳的变化。

黑 9 高跳，再黑 11 尖顶的时候，白棋 12 选择立下，黑 19 多爬一下。

黑 21 弯，白棋不敢正面应战。

黑棋夺得大角，应无不满。

那么，如果白棋 25 位接出，会形成怎样的变化呢？

接着往下看，我会给您解开这里的谜团。

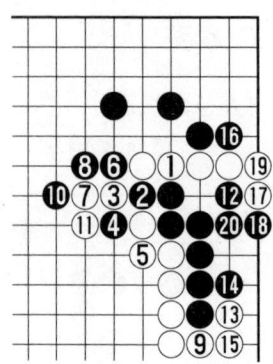

图二十六 白1接，至黑12几乎是必然的进行。

黑20粘后，黑棋快一气杀白。

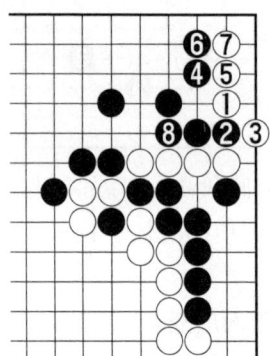

图二十七 白棋在角上是做不出什么文章的。

至黑8，白棋并没有延气。

第 一 篇

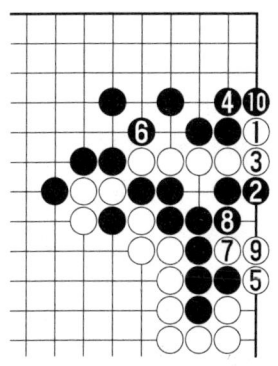

图二十八 白1从这边扳，也不行。对杀还是慢一气。

白5如果在8位挤，黑棋在7位吃掉一子，可以眼杀白棋。

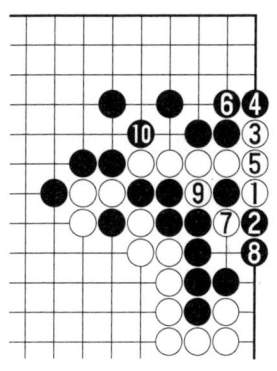

图二十九 白1、3是最具迷惑性的手段。

白7扑，看起来似乎要出劫。

黑8退，是冷静的好手。

白棋依然被净杀。

通过以上变化，可以得出结论，白棋接出不能成立。

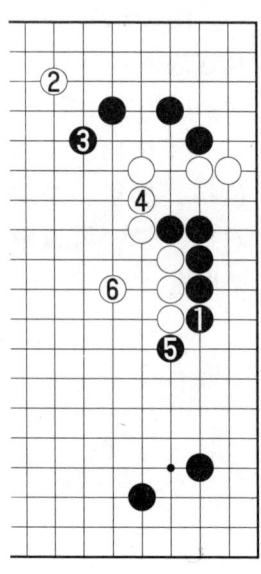

图三十 在黑棋1位爬的时候，白棋2位拦，然后4位自补，也是一法。黑棋5位扳起，局部来说，黑棋应该可以满意。不过，黑棋下边无忧角的配置略显重复。

全局来看，还是漫长的一局。

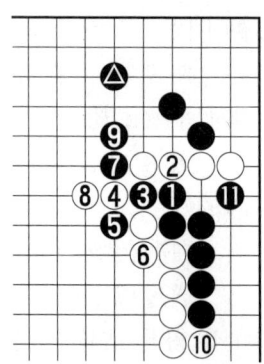

图三十一 黑棋在⚫位小飞的时候难道不能弯出吗？

至黑11，局部白棋依然被杀。

您是否有这样的疑问呢？

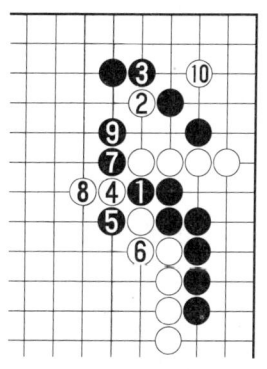

图三十二 接着看，黑1冲，白2靠是绝妙的次序。

黑3只能挡，白4再蒙住。

有了前面靠的交换，白棋就生出了10位点的手段。

战斗的时候，玩的就是次序！

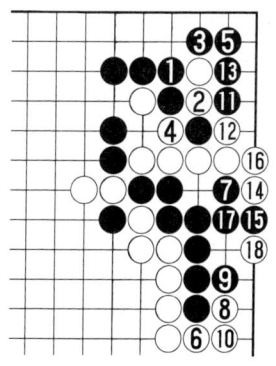

图三十三 黑1只能粘，接下来黑棋执意要杀白。

但白2、4吃掉黑棋一子已经长气。

对杀至白18，白快一气杀黑。

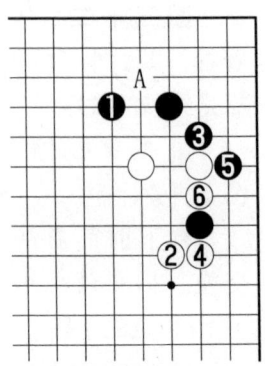

图三十四 这里的结论是黑1位单关跳时，白棋在4位挡下是两分的定型。

黑棋单关跳，守空方面不如小飞，白棋留有A位点的手段，也可以接受。

曾经有一本书，很详细地讲解了一间低夹的定式。可是，我没能好好珍惜。等到"中刀"的那天我才追悔莫及。如果上天能够再给我一次机会……拜托！难道一定要等到伤痕累累吗？我花了如此长的篇幅来给您讲解这里的手段，就是希望读者能够了解这里每一个变化的用意，包括它的后续手段。如果您细致地掌握了这些手段，我可以很负责任地说："没人可以在一间低夹这个定式上欺负您！"

第二篇

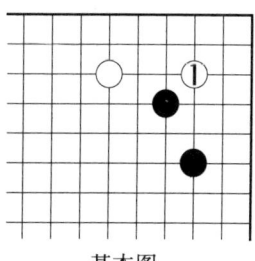

基本图一

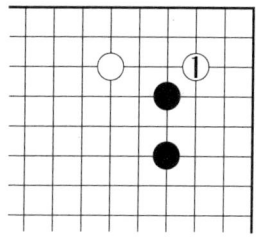

基本图二

第 二 篇

点三·3的下法棋友们应该再熟悉不过了,似乎变化不多。可一旦涉及场合的运用以及后续手段,事情或许就不是你想象得那么简单了。正如做菜一样,往往最考验厨师功力的就是最简单的饭菜。据传,"澳门赌王"何鸿燊的御用厨师,一碗蛋炒饭售价在5000港币!可见,有些事情简约却未必简单啊!

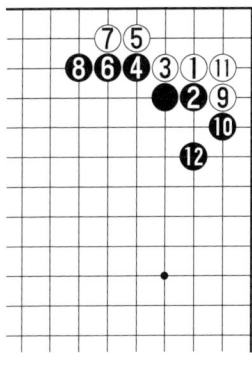

图一 这是千年前流传下来的定式。

您闭着眼也不会下错吧。

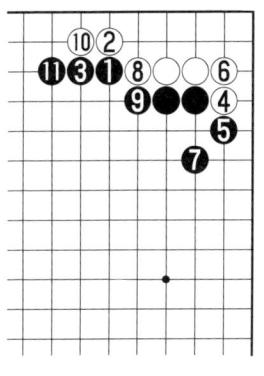

图二 我慎重地告诉您,上图的定型基本上已被淘汰。黑1飞,才是现在流行的下法。与图一比较,我们可以看出,白棋等于二路多爬了一下。在开局阶段,黑棋总是便宜的。所以,除非在特殊的场合,否则黑1飞肯定要优于上图的下法。

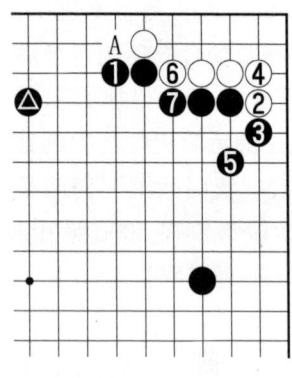

图三 我设立一个常型,以便于大家更好地理解。在黑棋两翼张开时,点三·3是常用的下法。由于有了黑⚫,白A位爬暂时是后手。不过,即使如此,A位也有25目左右的价值。

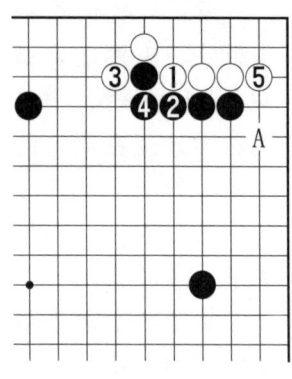

图四 飞完脱先,是黑棋经常使用的手段。那么白棋将来该如何定型呢?白1至5是定型之一。好处是留有A位的跳,实地上会好一些。缺点是白3的头是软头,不利于上边的战斗。

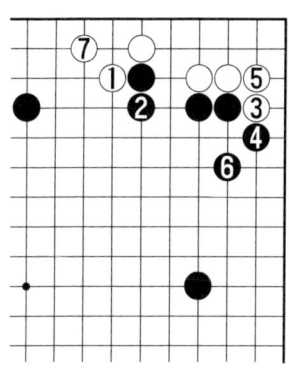

图五 这是白棋的另一种定型手法,强调白1变成硬头,优缺点一目了然。

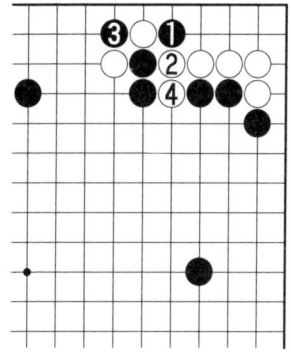

图六 上图的定型需要防着黑1的反击。

当然,此图白棋并不怕。可有些局面,白棋还是要小心。

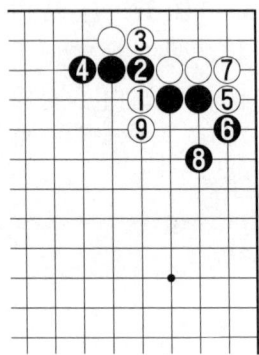

图七 黑棋周边没子接应时，需要防白棋1位扳出的手段。

至白9长出，黑棋左右两块棋都需要处理，难免苦战。

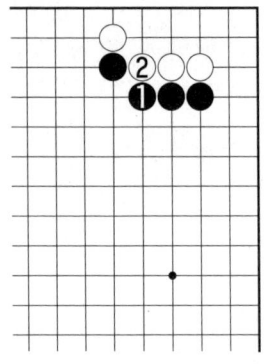

图八 抓住时机，先做黑1的交换，黑棋外围的薄味可以缓和很多。

白2是多数场合正确的应手。

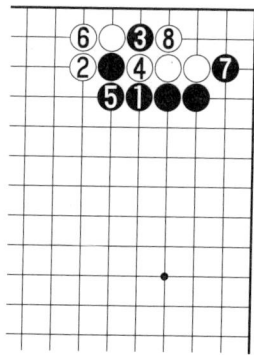

图九 白 2 如扳,黑 3 扳下可以获得目数便宜。

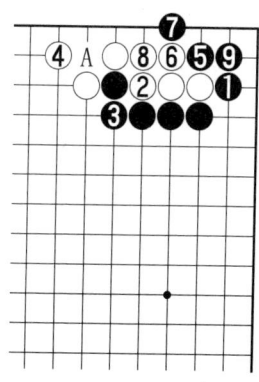

图十 黑也可考虑 1 位单扳。白 4 不能挡在 9 位,否则,黑 A 位断,白难以抵抗。

变化至黑 9,是黑棋不错的定型。

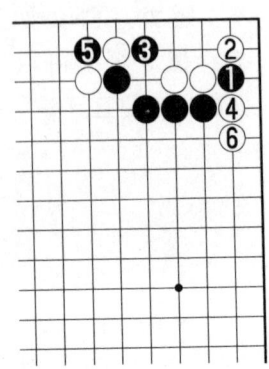

图十一 白棋如直接挡，黑3扳，以下形成转换。

局部应是黑棋便宜，但还是要根据场合，合理运用。

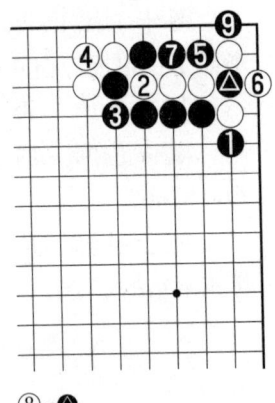

⑧=△

图十二 黑棋先在1位挡住。白2打吃，以下至黑9，形成劫。需要注意的是，角上的劫比较奇怪。白棋即使脱先，轮黑棋动手依然是紧气劫。

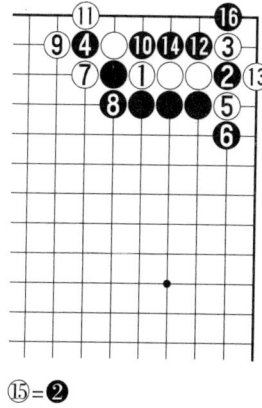

⑮=❷

图十三 来看看白1单挤的好处。黑2还是扳,至黑16的变化与上图比较,我们可以看出白棋外围的形状明显优于上图。黑6如不挡而在8位粘,白棋6位长出后,白棋明显优于图十一,黑棋不好。

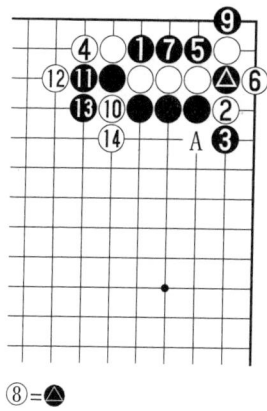

⑧=▲

图十四 黑1直接断里面会如何呢?白2打吃,依然是重要的次序。白4单长是好手。至黑9,角上依然是劫。但黑棋的外围要薄得多。白10位打出后,黑棋A位还有断点,外围支离破碎。除非黑棋有足够的劫材,否则,将立即崩溃。

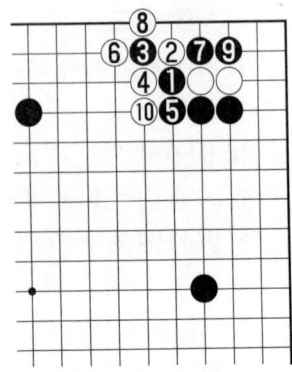

图十五 黑棋扳完连扳也是常用的手法之一。

至白10，形成黑地白势的结果。

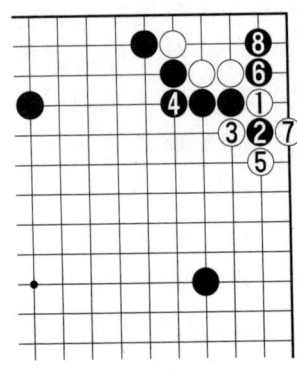

图十六 根据局面不同，白1也可从这边转身。

至黑8，也是常用定型。

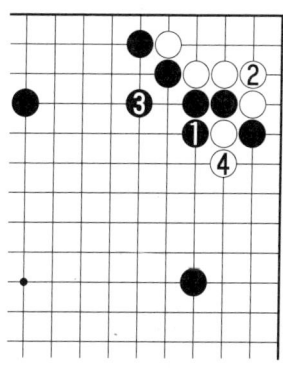

图十七 黑1拐吃，白2粘上是冷静的好手。

黑3需防上边的毛病。白4长出，黑无以为继。

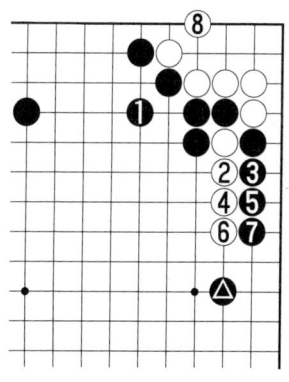

图十八 与上图不同，注意黑△的位置，结果黑棋得以二路爬回。

而白棋需后手活角，黑棋可抢先对白棋外围动手。

此图是黑棋主动的局面。

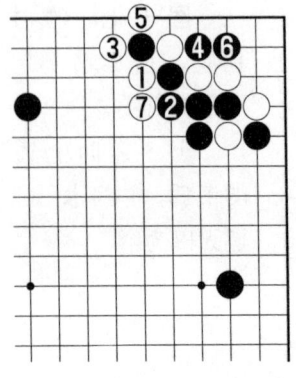

图十九 下围棋一定要思路灵活，千万别一条路走到黑。

下方路被堵，咱们就换一条，条条大路通罗马嘛。

至白7，与图十五比较，是不是非常相似呢？

仔细看，白棋还便宜了一些。

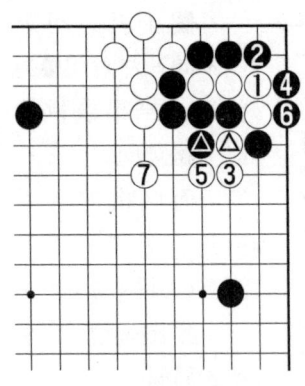

图二十 由于做了△、▲的交换。将来白棋留着3位长的后续手段。至白7，白棋通过弃子将黑棋全部包在里面。外面的世界很精彩，您不想做个井底之蛙吧。

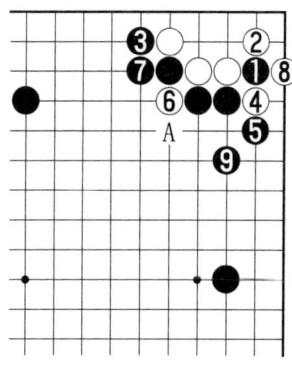

图二十一 黑1扳也是一种定型手法。黑3连扳时，白若还7位打吃，将明显吃亏。白4打吃是正手。至黑9，是两分的结果。白6打吃是强调将来A位长出的手段，给黑棋的外围制造薄味。

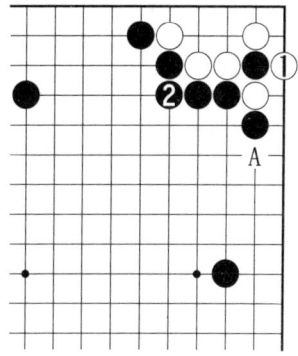

图二十二 当然，如果黑棋的外围已经无法撼动，咱们就冷静地1位提吧。

将来还留有A位夹的可能性，目数上白棋还是比上图便宜不少。

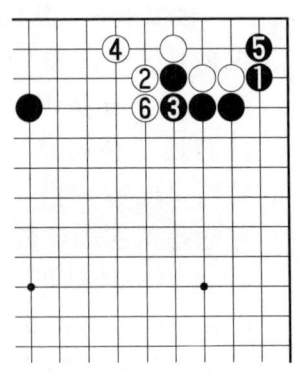

图二十三 白棋从左边打出也是一种变化。

总之,点三·3的定型手法很多,并无一定的好坏之分,但在不同的配置下却可优劣分明。

若能融会贯通才是真正的掌握!

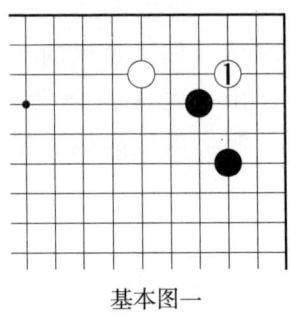

基本图一

基本图一 白1点角也是大家熟悉的手段。接下来,白棋有取地和进攻两种手法。

根据不同的场合,运用也不相同。

为了方便大家的理解,咱们先来看一盘高手的实战。

第十三届农心杯三国擂台赛

黑方　金志锡　白方　朴文尧

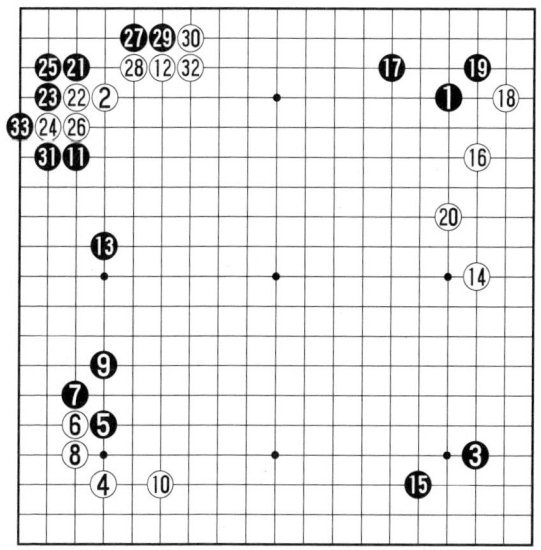

黑23扳是取实地的下法。朴文尧要强调黑棋下边的薄味，所以分断黑棋。白30扳，不好。看来即使是世界冠军，对此局部的了解也并不透彻。黑31夹，白棋局部没棋下。实战白棋明显是吃亏了。

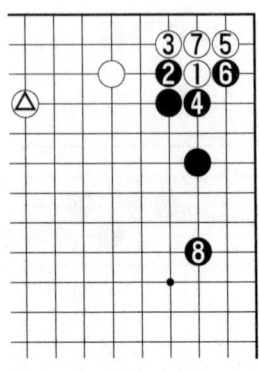

图一 黑白颠倒一下。一般情况下,白棋太早点角,导致外围被黑棋控制,多数时候都不太好。因此,白在⊙位一带有子时,点角较为常见。黑2、4是最简单的应对,局部大致两分。白棋能够一手掏掉黑角总比在3位飞强不少。所以,从这个角度看,白棋是可以满意的。

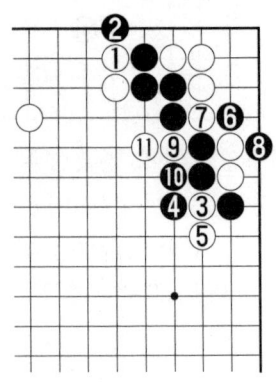

图二 白1夹时,朴文尧为什么不敢2位阻断呢?

白3断是好手。黑6若不扳下,二路一子白白牺牲,自然不行。

但扳下后,上边的棋形又出了问题。至白11,黑棋明显吃亏。

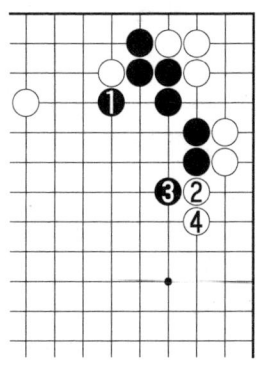

图三 黑1虎是此时正常的分寸。

黑棋厚实，而白棋获取实地，是两分的结果。

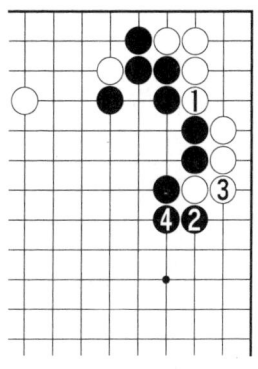

图四 白1挤是争先手的下法，并且强调黑棋棋形的薄味，也是可考虑的手段之一。

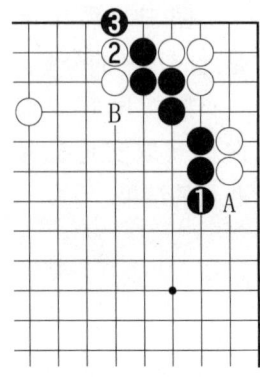

图五 如既要分断上边又需兼顾下边时,黑1单长也是很有味道的一手。

白A位爬,自然是被黑棋先手便宜了,黑在B位虎即可。

白棋不走,将来黑A位拐随时是先手,黑棋可根据情况,择机而定。

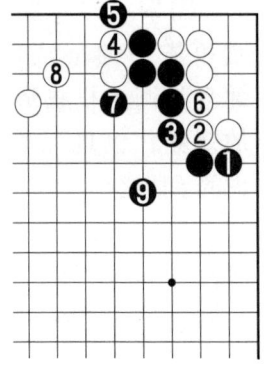

图六 朴文尧局后认为黑1挡是局部的最佳定型。

至黑9,黑棋无论形状和目数都要大大优于实战。

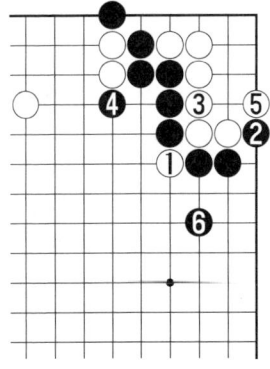

图七 白1断是文尧担心的手段。由于农心杯用时较紧,文尧担心对方有备而来,不愿在此多花时间。局后,文尧指出黑棋2位扳,即可化解白棋的进攻。至黑6跳出,黑棋两块棋均不难处理,白1的断意义不大。

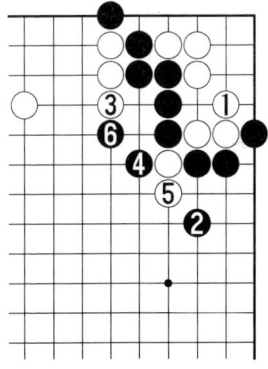

图八 白1弯,战斗似乎看起来很复杂。

注意,白棋的角上有问题。如白棋需花一手补棋,外面的战斗自然对白不利。

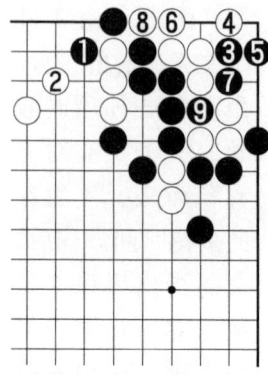

图九 黑1扳，先做准备。黑3靠是好手。白棋只能委曲求全。

但三子棋筋被吃，白棋肯定是大亏。

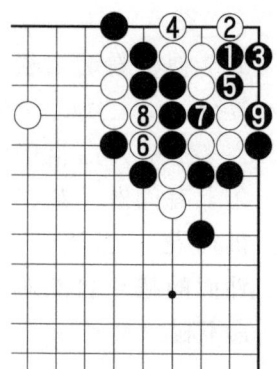

图十 直接1位靠也行，但需要提防白棋弃子的手段。

白棋的外围收获也很大。

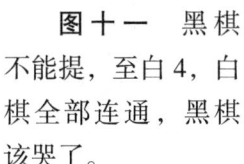

图十一 黑棋不能提，至白4，白棋全部连通，黑棋该哭了。

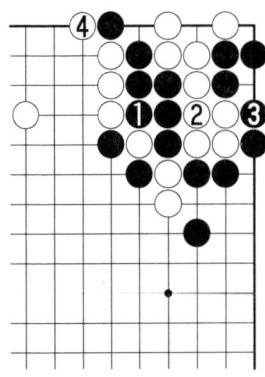

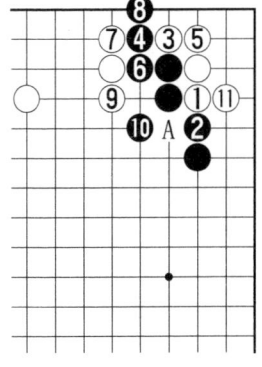

图十二 白1爬，这是进攻型的手段。白9长是征子有利时的下法。黑棋需防A位的断点。至白11，是局部的常型。大家注意！此图，白棋虽掏掉角，但黑8有个一路硬腿，白棋边上的目数很受伤。因此，从目数的角度来看，白棋局部其实是亏损的。所以，如果在不能攻击黑棋的局面下，白棋的下法并不适用。

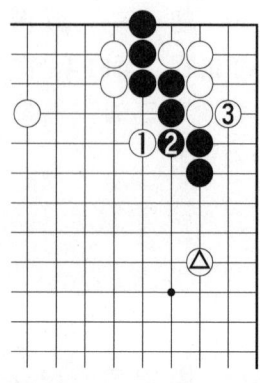

图十三 一般白棋在⊘位有子时,才会使用进攻型的掏角手段。

如白棋征子不利,可在 1 位先点做交换,至白 3 可整体攻击黑棋。

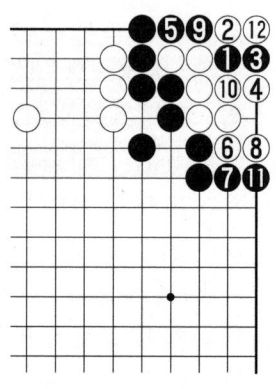

图十四 黑 1 点是角上留有的后续手段。黑 3 试白棋应手。白 4 尖,黑棋可通过定型获得 7、11 两个先手。在下方进行战斗时,黑棋的硬腿可能会提供很大的帮助。

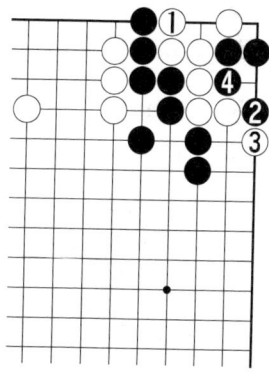

图十五 白1如直接做眼,黑棋有打劫的手段。

需要注意,局部是黑棋不利的缓一气劫。

所以,出手时请先冷静地考虑下劫材。

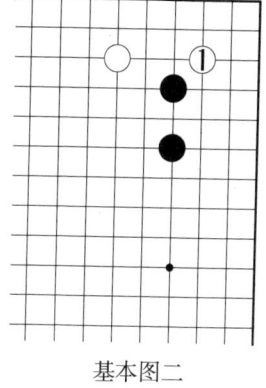

基本图二

基本图二 当黑棋单关跳时,白棋点角又会有哪些变化呢?

为了让大家更好地理解,我们一起再来看一个高手的实战图。

毕竟,局部是需要和全局结合着来运用的。

第二十七届同里杯中国天元战八强战

黑方　王檄　白方　邱峻

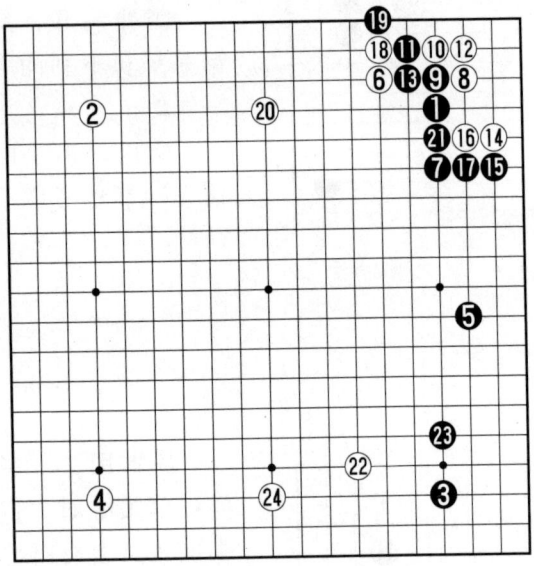

"中国流"绝对是近来最火的布局了！邱峻的棋一向以强撑闻名。白8直接点角，让人感到咄咄逼人地凶狠。至白24，白棋连续抢占大场，速度非常快。看起来是白棋好调。不过，角上的死活真的没问题吗？王檄把棋下成铜墙铁壁，难道是发呆看风景的？

第二篇

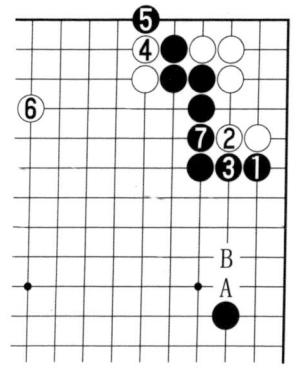

图一 黑1靠下，是考虑到下边的间隔还不错。

如下边黑子在A位，甚至是在B位，黑棋的选择就不明智了。

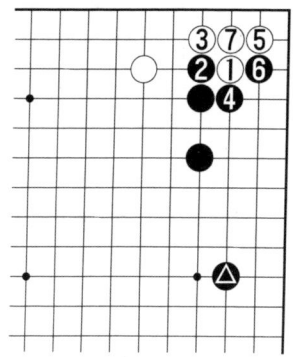

图二 如图，黑▲位一子靠近一路时，黑棋4位拐是常见的定型。

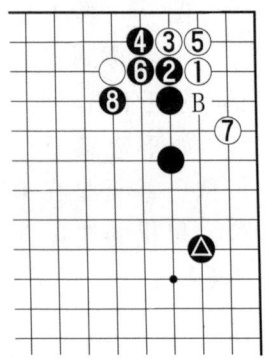

图三 如图,❷位一子继续向上靠近。黑再 B 位拐,下边显得重复,当然不满。所以,此时黑棋选择破坏上边才是聪明的决定。

您一定还在惦记着角上死活的情况吧。我也不吊您胃口了,咱们言归正传。

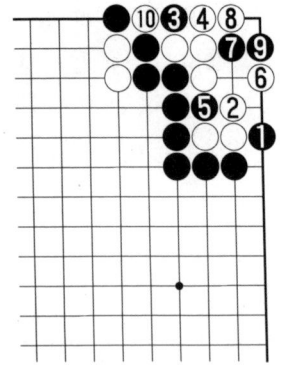

图四 黑 1 扳是很容易想到的一手,可接下来就有些难度了。

黑 3 扳以下形成打劫。此劫黑棋一旦打输,目数损失极为惨重。

所以,除非劫材绝对有利。就局部而言并不是黑棋正确的定型。

第二篇

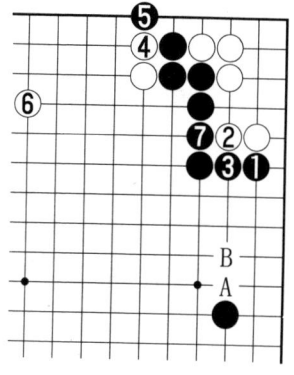

图一 黑1靠下,是考虑到下边的间隔还不错。

如下边黑子在A位,甚至是在B位,黑棋的选择就不明智了。

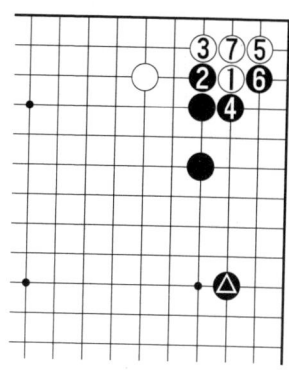

图二 如图,黑▲位一子靠近一路时,黑棋4位拐是常见的定型。

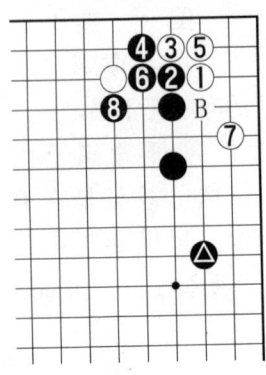

图三 如图,◬位一子继续向上靠近。黑再B位拐,下边显得重复,当然不满。所以,此时黑棋选择破坏上边才是聪明的决定。

您一定还在惦记着角上死活的情况吧。我也不吊您胃口了,咱们言归正传。

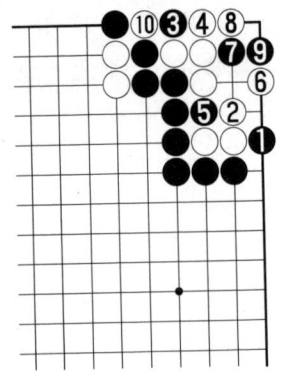

图四 黑1扳是很容易想到的一手,可接下来就有些难度了。

黑3扳以下形成打劫。此劫黑棋一旦打输,目数损失极为惨重。

所以,除非劫材绝对有利。就局部而言并不是黑棋正确的定型。

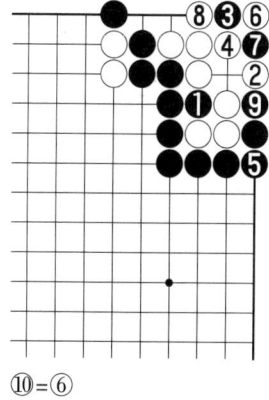

⑩=⑥

图五 黑棋1位挤,黑3点倒是此时的好手。

不过,至白10,黑棋也仅仅只是吃掉三子而已,白棋是净活。

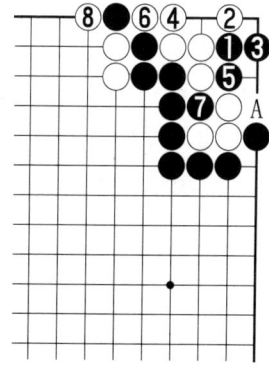

图六 如黑棋打劫不利时,黑1点是局部最佳的定型。白4弯先手已来不及。白6如7位接,黑A渡过,白棋不入气,将被杀。至白8,白棋虽活出一半,却丢盔弃甲,黑棋可以接受。

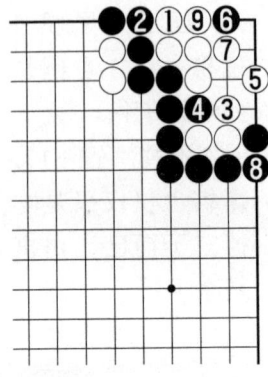

图七 白1先弯结果会如何呢？黑棋如还吃两子，与上图比较目数差距甚大，无法接受。黑2接是必然的一手。黑4挤，并非正解。接下来，黑8是大失误。白9是容易忽略的盲点。白棋巧妙做成净活。

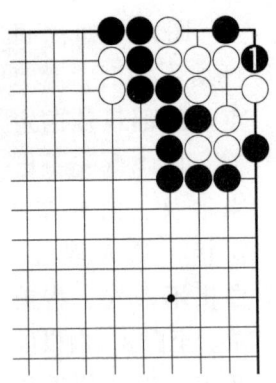

图八 此时，黑棋只能1位扑。局部形成白棋有利的缓一气劫。

黑棋不能满意。

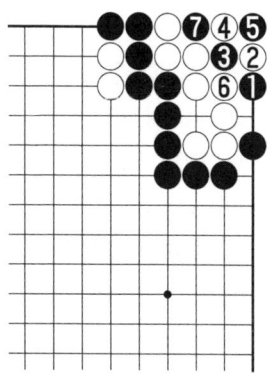

图九 黑1跳点也有问题。白2靠以下形成打劫。

注意，局部白棋即使脱先也是打劫，黑棋同样失败。

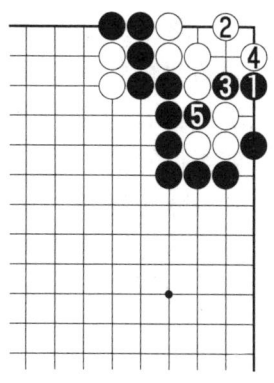

图十 白棋还可考虑2位小尖，弃子做活。

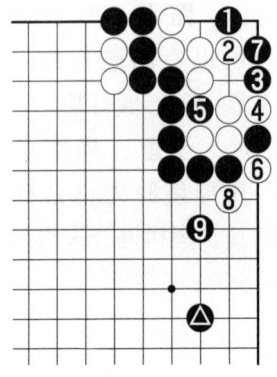

图十一 黑1点才是局部的正解。黑5先打吃是重要的次序。至黑9，局部白棋是净死。此图需要注意下方的情况。如黑▲一子变成白棋时，就会被白棋跑啦！

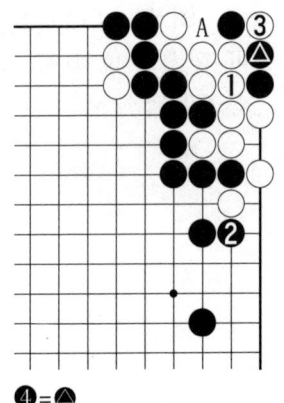

❹=▲

图十二 来看看角里的情况。由于气紧，白棋占不到A位的点。

黑4提后，细心的棋友一定会发现，局部是盘角曲四，经典的死棋。

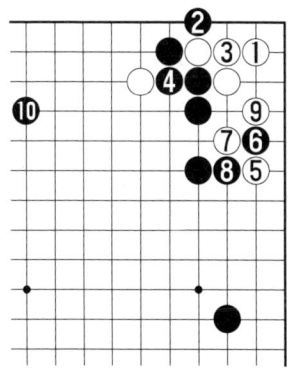

图十三 白1虎也是常用的变化之一。至白5，相信大家都会下。

可黑6立即交换的重要性，您是否知道呢？

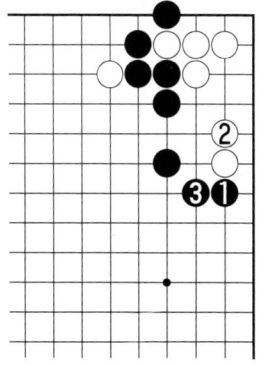

图十四 当然，咱们不能完全排除黑1直接靠的手段。黑棋局部目数便宜，但却落了后手。除非是极特殊的局面，否则，黑棋应不会在此处多花一手吧。

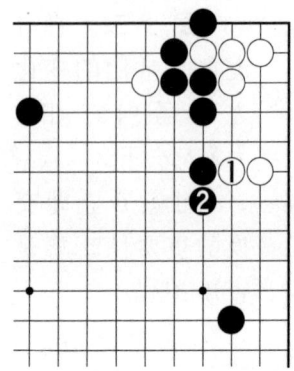

图十五 黑棋如不走,白1顶几乎是先手。

交换过后,白棋目数已然便宜了。

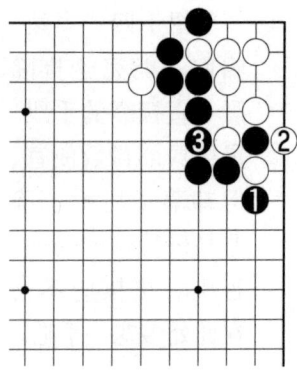

图十六 这是黑棋靠完以后,将来的定型手段。

似乎平淡无奇,没啥可讲的。但接下来角上的变化,您确定会吗?

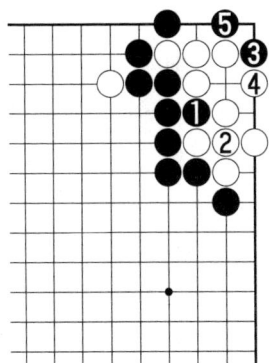

图十七 黑 1 打吃时，白棋那是相当麻烦啊！

白 2 接，黑 3 托是好手。至黑 5 形成一个两手劫。

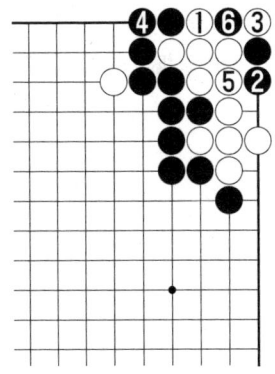

图十八 白 1 打吃，黑 2 长，至黑 6，局部依然有劫。

白 3 如提在 4 位，黑 5 断，依然是劫。

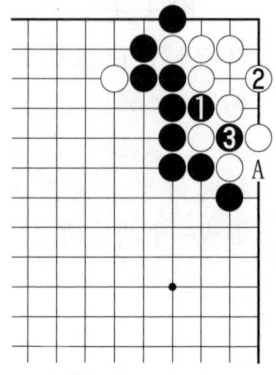

图十九 如果劫材不利,白棋局部只能2位委屈做活。

黑3提后,下一手A位提还是先手,官子收得非常舒服。

点三·3的变化虽不算复杂,但运用起来涉及得面却很广。看书切勿死背,每盘棋的局面都不相同,要想水平提高,在了解具体手段的基础上,更需要的是结合局面找出最善的下法。如人生一样,充满着未知的前景,正是围棋的魅力所在。死记硬背即可掌握的东西似乎也没啥挑战性吧!

第三篇

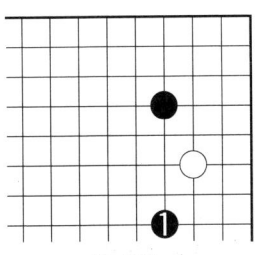

基本图一

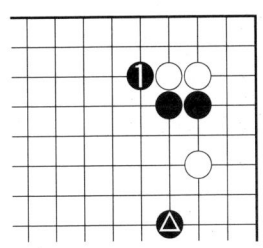

基本图二

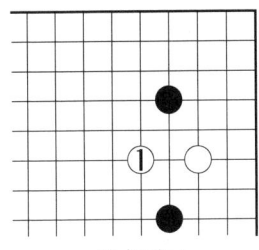

基本图三

记得小时候，一间高夹是我最喜欢使用的手段之一。仔细看，基本图一中的形状是不是很像一架飞机呢？每个男孩都曾经有过关于飞翔的梦吧。我在想，我走上的围棋之路是不是也和一间高夹有关呢？如果您也想让自己的孩子接触围棋，或许可以尝试从形状上去引起孩子的注意。毕竟，对于孩子来说飞机比围棋还是更具吸引力吧！

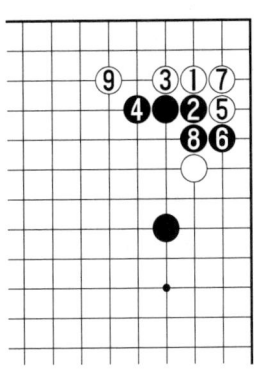

图一 这是最简单的定式。

黑棋与一间低夹的定式有一路之差，后续手段上也会有所不同。

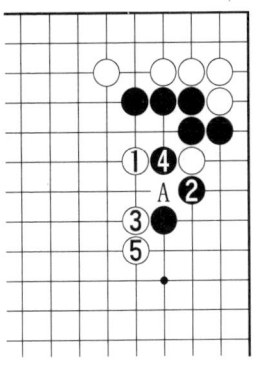

图二 白1跳是可以考虑的手段。黑2大致要连回。白3靠，黑棋不能5位扳，否则白A位挤，黑无应手。此图，白棋在侵消黑棋下边模样时，是比较有利的选择。

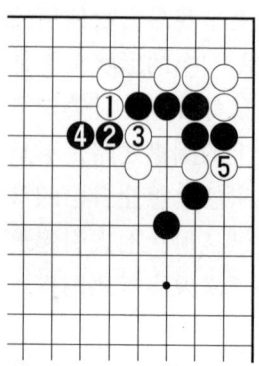

图三 如需扩张上边的形势。白1可贴起,黑棋如扳出,至白5夹,黑棋五子危险。

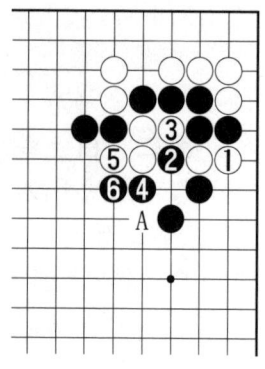

图四 白棋需要计算征子。小心黑棋有兜吃白棋的手段。

征子不利时,白1可6位尖出,或A位靠出,瞄着1位夹的手段。白棋也不惧怕战斗。

第 三 篇

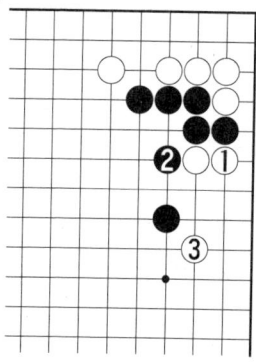

图五 白 1 夹是掏空时适用的手段。

黑 2 虎是本手。

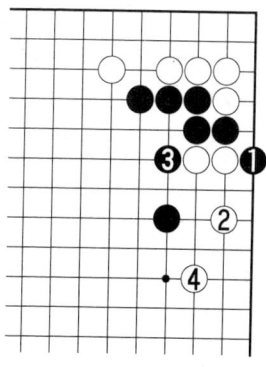

图六 黑 1 扳，阻断意义不大。

白 2 即使简单跳，黑棋也拿不住。

白 4 飞出，黑棋的结果似乎还不如上图。

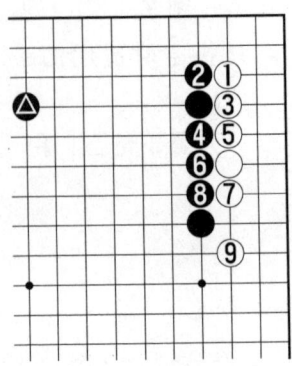

图七 在❷位有配合时，黑棋从 2 位挡也是不错的选择。

白 5 粘，是重视下边出头的下法。

至白 9，也是定式之一。

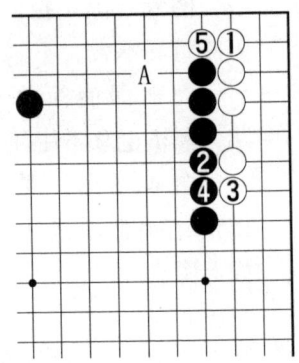

图八 白棋 1 位立是重视实地的下法。白 5 拐，不仅目数大，还关系到角上的味道，是必抢之处。接下来，黑棋可脱先，也可在 A 位守空。

此图，白棋好处是空多，并且得到先手，缺点是下边的头基本被封住。

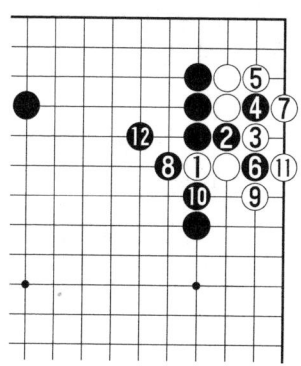

图九 白棋还有1位贴起的下法。黑8偏软,至黑12,黑棋稍有不满。

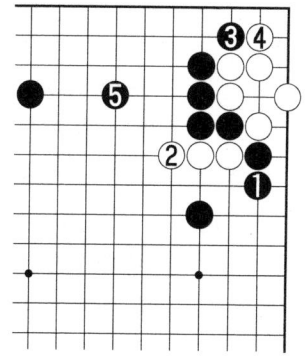

图十 黑1长出作战,才是男子汉的行为。

至黑5,形成战斗。我个人是认为黑棋稍有利。

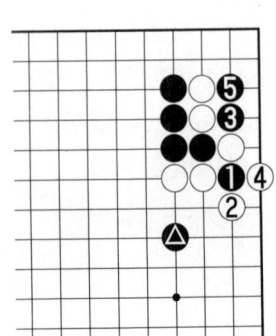

图十一 黑棋从外围断。虽吃住了角,但外围白棋变厚,黑△一子似乎有撞墙之感。

没有特殊的配合,黑棋不易作此选择。

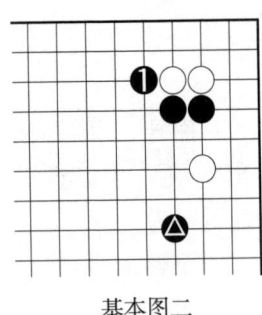

基本图二

基本图二 黑1的扳,在前面一间低夹时已有过讲解。不过,△位一子有了变化。一路之差,差之千里。我想您还是有必要了解一下的。

黑棋扳下,第一感是无理。可您要是拿不出办法,无理可就变成有理了。在围棋的世界里是没有警察来维持秩序的。

第十四届 NEC 杯快棋赛

黑方　李喆　白方　胡耀宇

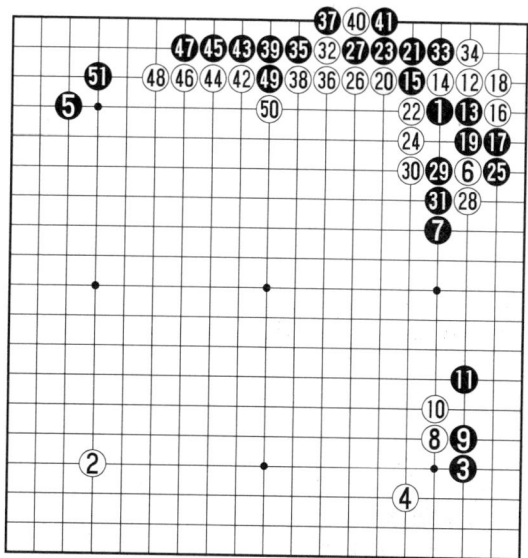

我们来看一盘实战。李喆在快棋赛中尝试黑15扳下的手段。在这个局部战斗中,胡耀宇没有下出最好的结果。至黑51,黑棋角上实地充分,形势有利。

看来,就连胡耀宇这样的高手,也不是很清楚这里的变化啊!

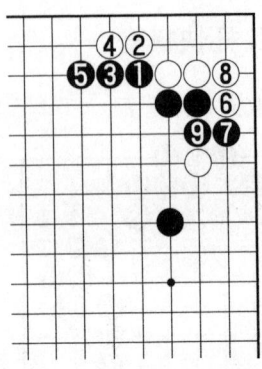

图一 白2下扳,这是不负责任的下法。如果棋友们觉得这样下也可以的话,那么您就需要再努力了。因为,这说明您的业余段位快保不住了。

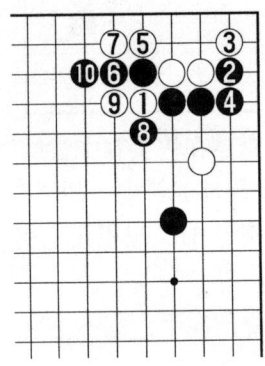

图二 白1断,有勇无谋的下法。下棋最忌讳头脑发热。

黑2扳粘,是要点。白棋战斗困难。

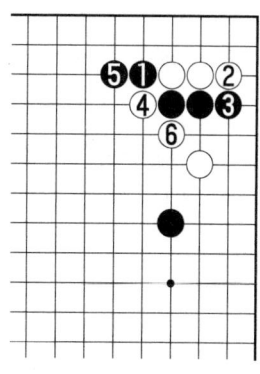

图三 白棋2位立,也适用于一间高夹。是最简明的一种应法。

黑3不能挡下,否则白4断,黑棋两边难以两全。

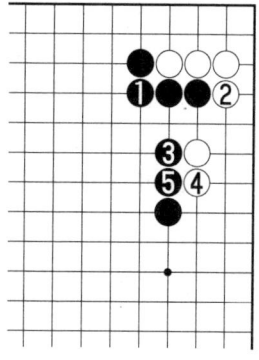

图四 黑棋1位粘,白2渡过,黑棋3位封锁。局部大致差不多。

不过,黑棋达到封锁上边的意图,白棋心有不甘。

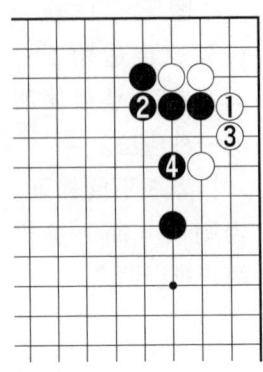

图五 与一间低夹相同,白1扳依然是最强的反击。

黑棋如图中妥协,白棋要明显好于图四。这回轮到黑棋不甘心了。

双方都谈不拢的情况下,只好选择战斗。在棋盘上要想达到双赢的局面真的还挺困难的。

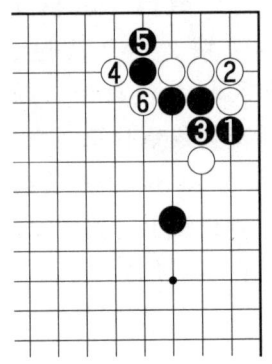

图六 黑1扳下,接下来白4夹是手筋。逼迫黑5立下。

黑棋如果6位粘,被白棋渡过,黑棋就没有意义了。

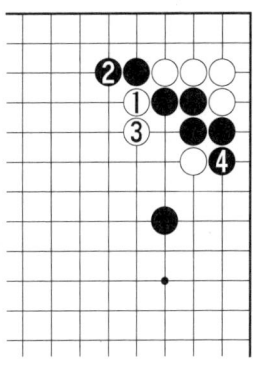

图七 白1直接断,黑棋会在2位长,白棋不如图六那样战斗。

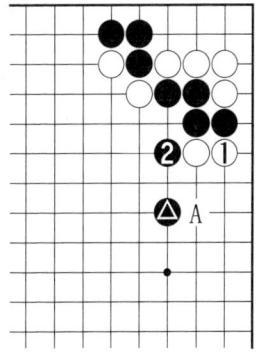

图八 与A位一间低价的位置不同,黑▲位的高夹,正好可以联络。

白1位夹的手段,此时不能成立。一路之差,白棋可不能再依葫芦画瓢。

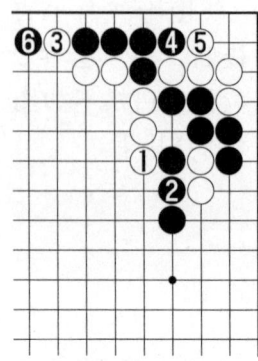

图九 这是李喆与胡耀宇的对局实战。

白1压次序有误,给了黑棋6位夹的机会。

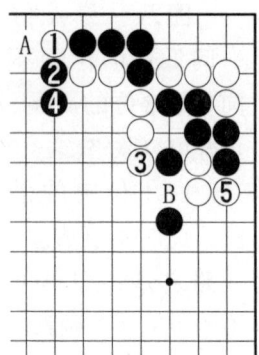

图十 白1先扳才是正确的次序。黑2断,白3再压,A、B两点,黑棋无法两全。

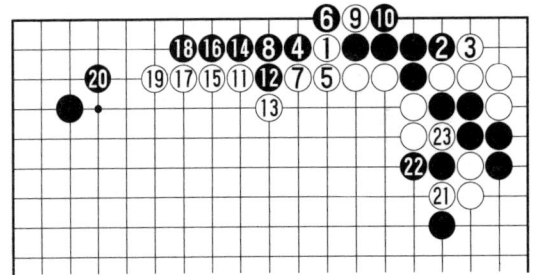

图十一 白1扳时,黑还是如实战进行。至黑20,白棋可于21位冲出,黑棋无法抵挡。在战斗的时候,行棋的次序是很讲究的。棋友们可以细细体会一下这里的妙味。

经过上述变化可以得出结论:在一间高夹的时候,黑棋扳下是不能成立的。

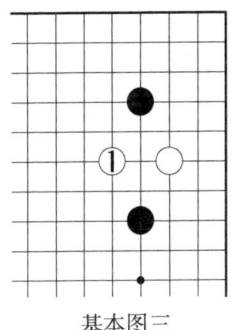

基本图三

基本图三 白1跳出,是局部变化最多的战法。

飞机要起飞啦,您请坐好了。

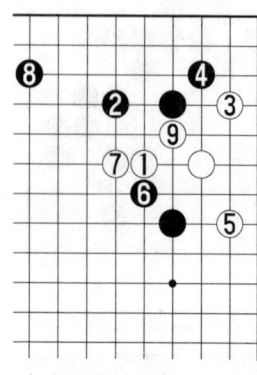

图一 喜欢看棋谱的棋友们,应该对此型不陌生吧。

黑6尖一手的必然性又在哪呢?

白9尖是防止黑棋打劫的手段,是必要的一手。

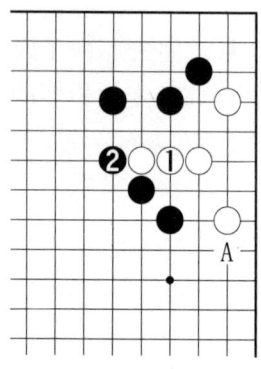

图二 白如1位接,黑2扳住,很舒服。黑棋今后在左边有可能形成一定规模的阵势。将来,还瞄着A位靠下的可能。

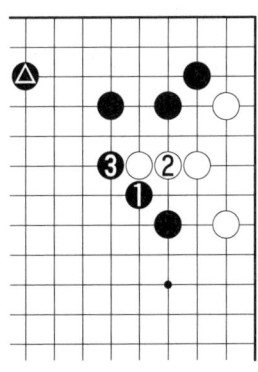

图三 如先有了◬,黑棋封住后,整体则显得重复,黑棋不满。

这也是图一中黑棋先尖的奥妙所在。

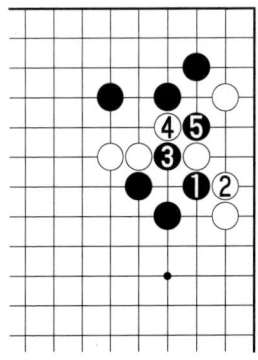

图四 局部黑棋留下了1位打劫的手段。

此劫双方都很重,所以开劫时一定要慎重。

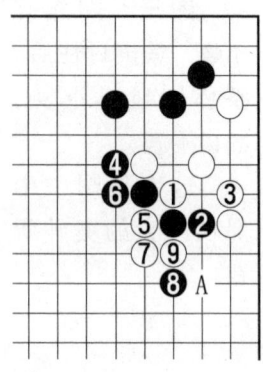

图五 白1挤这里会怎样呢？黑2先顶是好棋，白很难受。

至白9，黑棋已将上边封锁，白棋吃掉两子实地所得有限，并且留有不好的味道，白棋不能满意。如下方黑有接应，黑8可以直接在A位跳出。

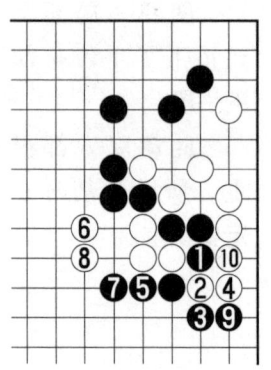

图六 黑1拐，利用死子做文章。至白10，黑棋通过弃子，下方形成一排势力，是扩张下方时可考虑的定型手段。

第 三 篇

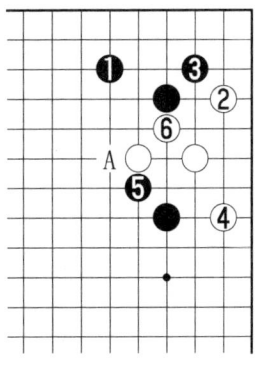

图七 需要注意的是，黑棋如 1 位飞，黑 5 尖的手段即无法构成威胁。

一路之差，A 位已无法封锁白棋。

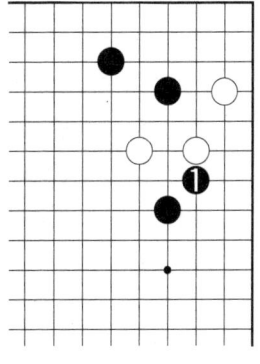

图八 黑 1 尖顶是最近非常流行的下法。

战斗非常复杂，即使是职业棋手对此局部也没有多少把握。

咱们一起来探讨一下这里的手段。

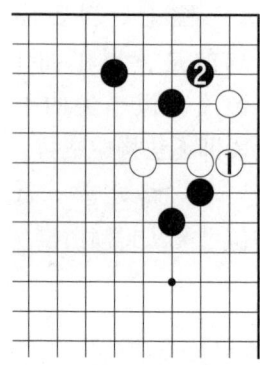

图九 白1立,脾气太好。

白棋明显被便宜了。

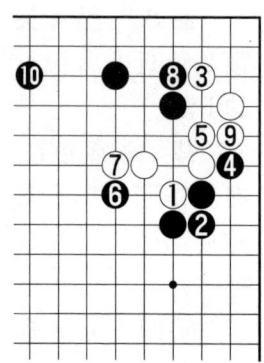

图十 白1挤是反击的手段。不过,白5不好。

至黑10,白棋大部分子力全部缩在里面,形状非常委屈,白稍亏。

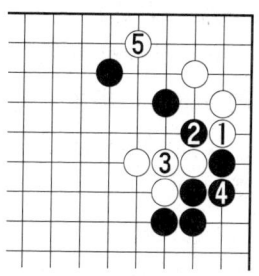

图十一 白1顶是最强的下法。至白5，双方必然。

接下来的战斗就有些迷惑了。

黑棋的下一手该在哪呢？

局部的战斗难免要涉及全局的配合。我们还是来看一下高手的对局，以常见的布局作为背景，应该有助于大家更好地消化。

第十一届农心杯韩国选拔赛

黑方　金炯佑　白方　赵汉乘

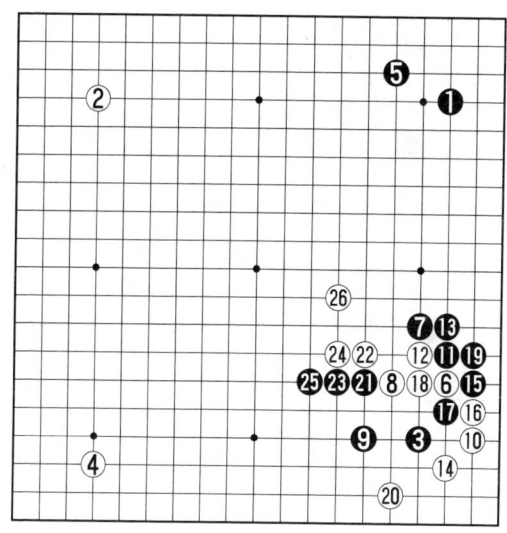

黑棋利用上方无忧角的配合而选择夹击，是曾经流行的布局。至白26，形成难解的战斗。仔细看，黑9单关跳的位置对白棋角上的压力不够，目数上也损了。虽然，棋局还难言好坏，但黑棋稍有不满之感。

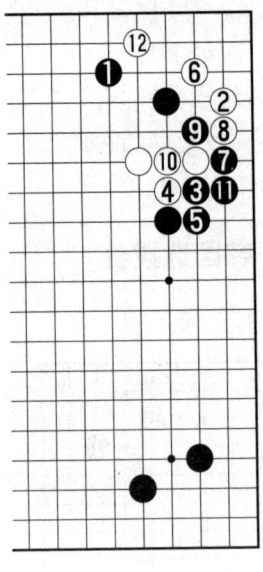

图十二 如果黑棋使用此布局时，我还是建议黑棋在1位小飞。

至白12，是双方必然的进行。

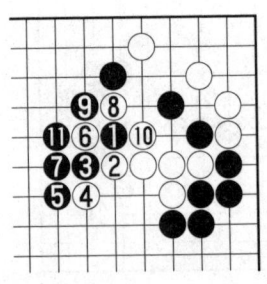

图十三 接下来，黑1跳是第一感。黑5连扳，好手。白6以下贪吃，外围把黑棋撞成铁壁，大失败。您需要注意，黑星位两粒残子如同鸡肋食之无味。

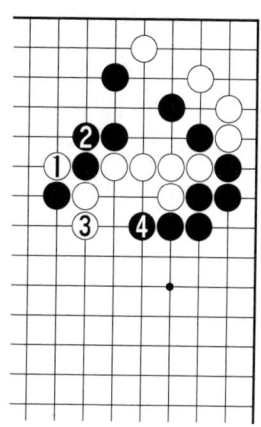

图十四 白3长的棋形不正,被黑4长,白棋痛苦不堪。

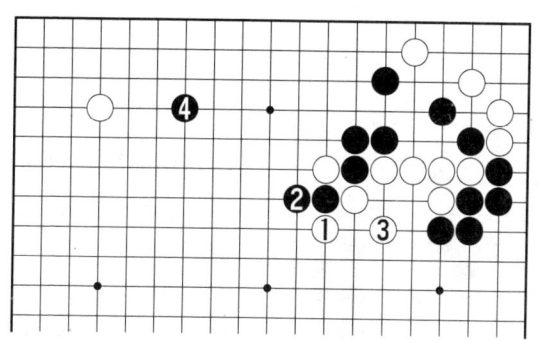

图十五 局部白只能打吃整形。

接下来黑棋可考虑4位一带挂角,扩张上边形势,整体感觉是黑棋稍好。

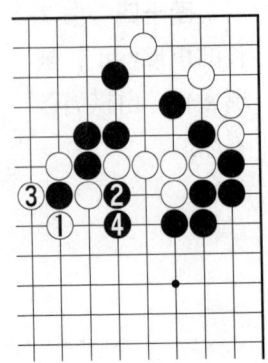

图十六 黑2贪吃不可取。

中央白棋拔花价值远远大于黑棋吃到的十几目。

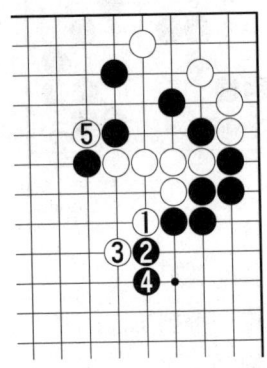

图十七 原来白棋前面出了问题，白1虎是不易察觉的好手。

借力行棋，白5断，黑棋不易抵挡。

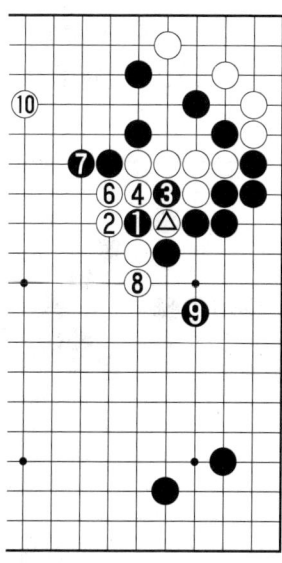

图十八 黑1打吃要优于上图。

不过,黑棋在下边落了后手。

白10拦过来,黑棋上边显得薄弱,黑棋依然不满。

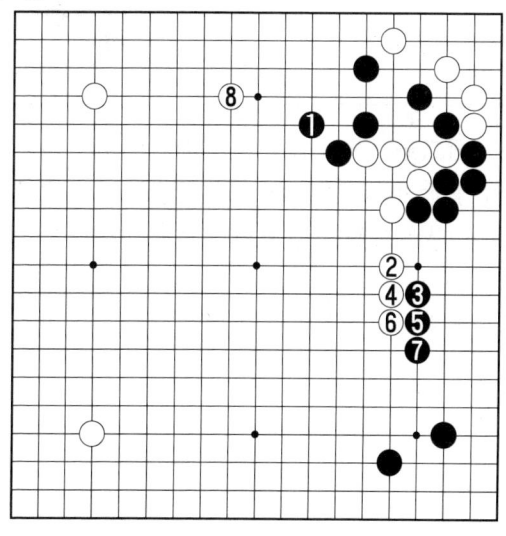

图十九 黑1虎是本手。白2以下先手压迫黑棋，黑棋下边整体显得重复。全局来看，白棋更为主动。

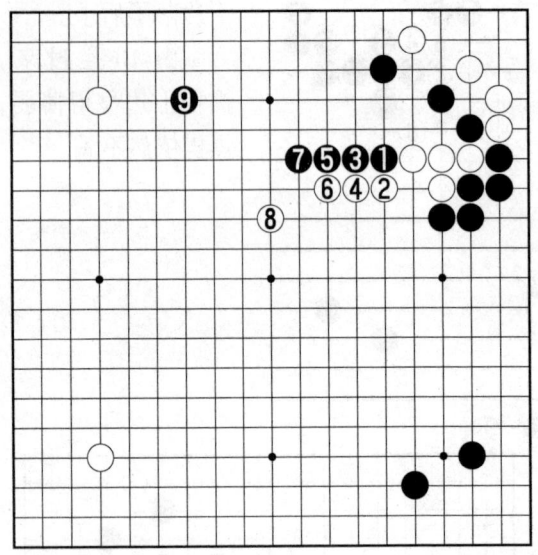

图二十 黑1靠才是更为有力的手段。我在给学生讲棋时曾经极力主张这一手。至黑9，形势虽依然难解，但黑棋比之前的跳明显要主动一些。

黑棋还有更好的下法吗？

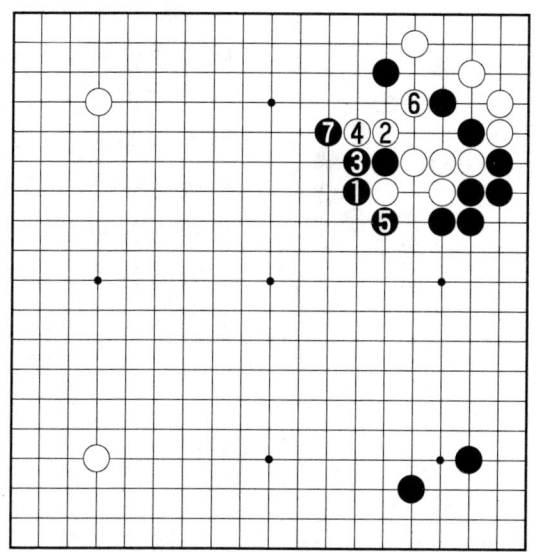

图二十一 黑1连扳，好棋，真是太漂亮了。

这是我的好友朴文尧教我的着，给白棋更大的压力，世界冠军的棋就是紧凑。

白2如从上边寻求战斗。黑棋简明弃子即可。

黑棋外围的滔滔厚势，辅以下边无忧角的配合，让人望而生畏！

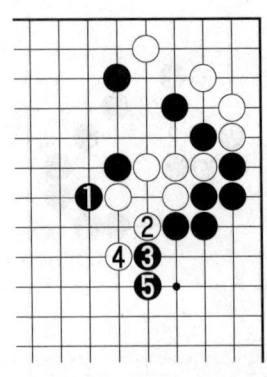

图二十二 白2虎，黑棋顺着走即可。黑棋下边的实空在不断膨胀，而白棋自身的气很紧，很难对黑棋上边实施有效进攻，依然是黑棋好下的局面。

注意，黑棋星位那两子始终是鸡肋！

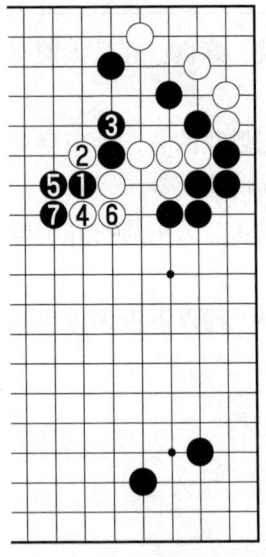

图二十三 这是朴文尧给出的答案。他认为双方大致如此，在现有的配合下，是黑棋稍主动的局面。

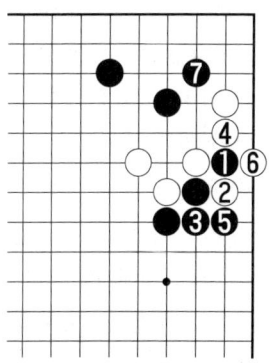

图二十四 推荐一个有趣的手段作为本章的结尾吧。

黑1连扳,至黑7的战斗,目前还没有确切的定论。

看盘高手的实战,大致地了解一下也好。

第十四届三星杯预选赛

黑方　金志锡　白方　胡耀宇

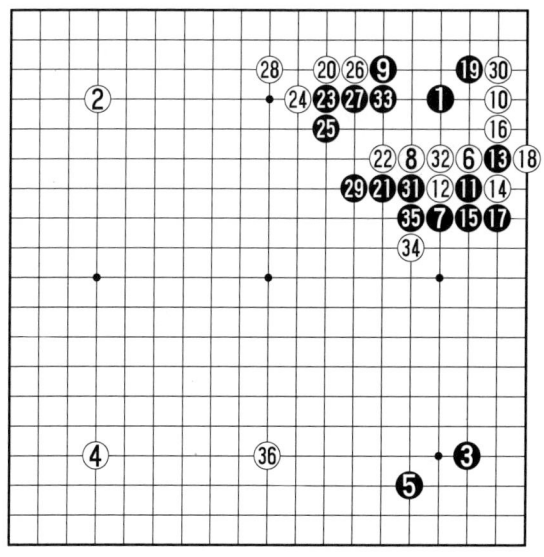

125

白20逼住，是胡耀宇的选择。金志锡为了封住白棋，不惜使出23压的损着。至白36，黑棋将所有的赌注压在了右边的模样上。好坏虽难判断，但我个人是不喜欢持黑棋的。

一间高夹在星位的夹击变化中从来都是非主流的。但围棋的战术经过数十年的演变，它依然没有被历史所淘汰。所谓，存在即合理。一间高夹一定有其优势所在。希望您细细体会，根据场合灵活运用。或许，这个较为冷门的手段，能够助您出其不意地击倒对手！

第四篇

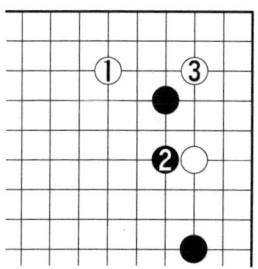

基本图一

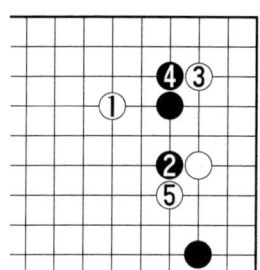

基本图二

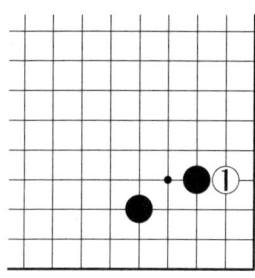

基本图三

前几年,二间低夹的下法风靡一时。上边三个基本图几乎每一个都含着大量的变化。

您或许见过,或许也曾模仿过,但您的内心是否真的明白过呢?生活中有时我们不得不做一些善意的欺骗,但对待围棋必须真诚,否则,受伤害的迟早是自己。

初级篇

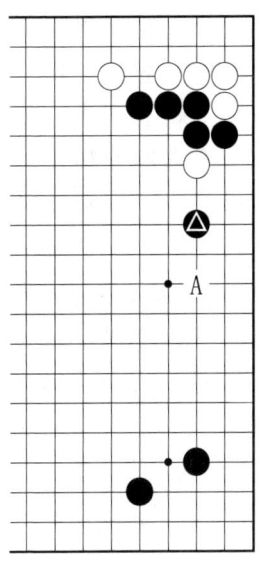

图一 黑❷一间夹的位置留有破绽,将来白棋在 A 位打入,黑棋很讨厌。

这里的手段在上一章节已有详细地讲解,不再复述。

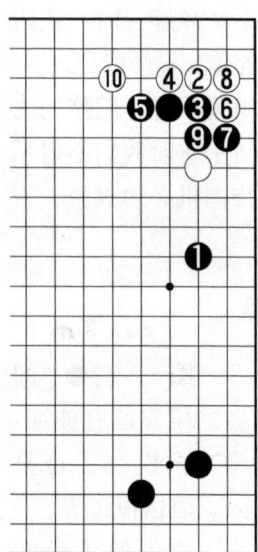

图二 正因为黑棋对上图的结构不太满意，才有了二间低夹的产生。

白棋简单地定型当然完全可下。

不过，黑棋下边的配置比较理想，而且，被黑棋达成心中所想，白棋心情上略有不满。要知道在职业棋手的对局中，气势非常重要。国家队里曾经很流行一句话，"我爽不爽不重要，但不能让你爽"！看来吴清源大师强调的"中和围棋"的境界，我们这些小辈还远远体会不到啊！不过，我在打吴清源大师全盛期的棋谱时，我总是感觉到咄咄逼人的气势！完全不符合他现在所强调的围棋理论。也许，这就是竞技围棋与求道派围棋最本质的区别吧！

第二十一届富士通杯决赛

黑方　古力　白方　李昌镐

黑中盘胜

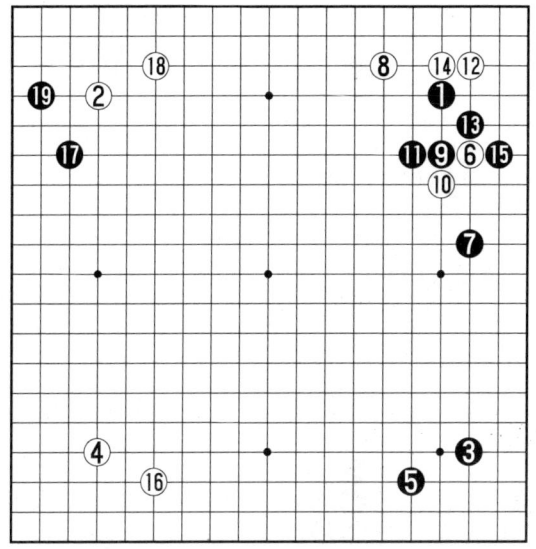

这是古力的第三个世界冠军,发挥得淋漓尽致,完胜李昌镐。

布局阶段,白 8 反夹后,选择最简明的定式。

至黑 15 的变化,局部两分,不过黑棋下边配置不错。全局黑可满意。

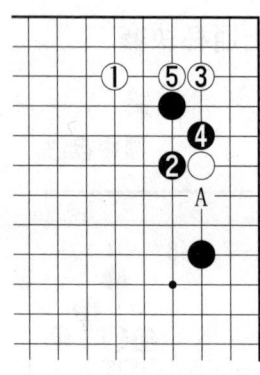

图三 白3直接点角，黑4太厚道。

白5爬回，瞄着A位的动出。

黑棋局部稍亏。

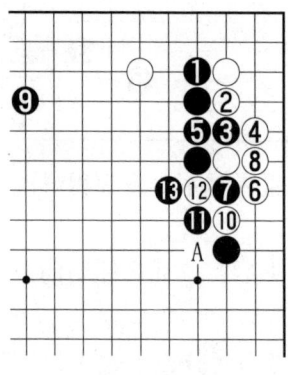

图四 黑1位冲是正确的方向。以下至黑9是变化的一种，大致两分。

白10如果挖打，黑11可以弃子包住白棋。由于白棋全局没有合适的劫材，所以黑棋暂时并不惧怕白A位开劫的手段。

图五 白1单接,也是一种下法。

黑2尖不够紧凑。被白棋扳粘,黑不满。

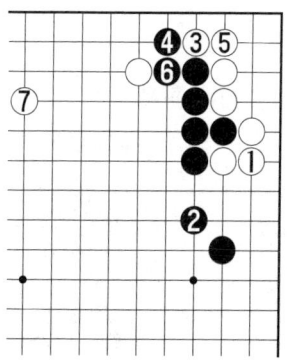

图六 白A位扳出非常严厉,黑棋直接脱先,显然不行。

黑2扳,期望白棋跟着在B位爬,就可以还原成图四。

黑棋的想法有点天真了。白棋直接在3位扳,将来瞄着黑棋A位的断点。如此,白棋快速,黑棋不满。

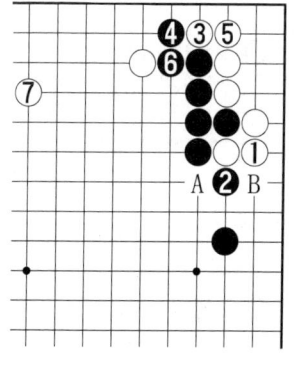

第八届理光杯半决赛

黑方　古力　白方　谢赫

黑中盘胜

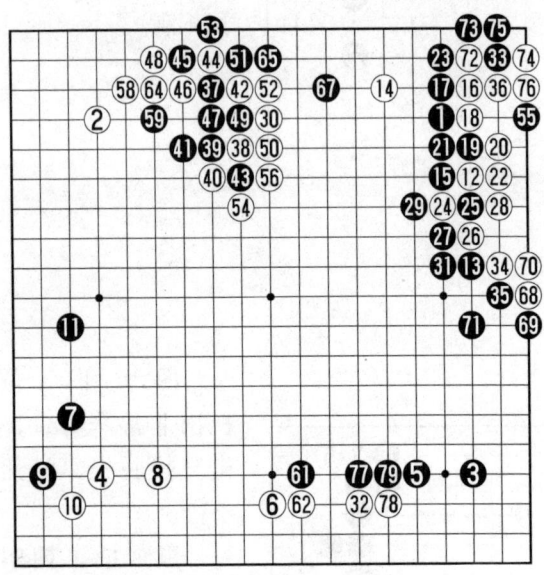

㊺㊿=㉕　㉚㉝=㉔

看看古力给大家的解答。

黑23下立,局部的正解。

白24扳出,古力早有准备。

黑25兜住,白棋苦于没有劫材。

黑31自补厚实,白棋本手是在72位挡补活。那样,白24、26的交换把黑棋外围撞厚,明显亏损,白棋不肯。

不过,实战下法也很勉强。黑棋通过打劫四处获利,至黑 79,黑棋不仅空多,而且厚实,谢赫早早陷入苦战。

现代的围棋,局部研究非常透彻。稍不小心,就会掉入对手的圈套。本局就是很典型的一个战例。

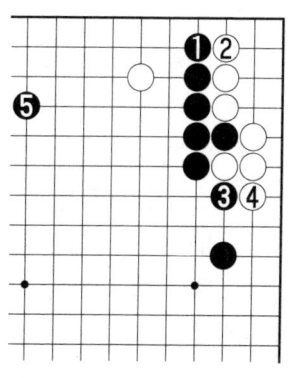

图七 黑 1 立的时候,白 2 不能跟着应,否则黑 3 扳,由于下一手黑棋在 4 位挡对白棋角部来说是先手,白棋只好 4 位跟着应,那么黑 5 继续开拆。

与图四相比,黑棋二路能够交换着,黑棋明显"孤"了。(孤:围棋队常用语,意思是舒服、得利,如局面特别有利,即称为"孤得不行"。)

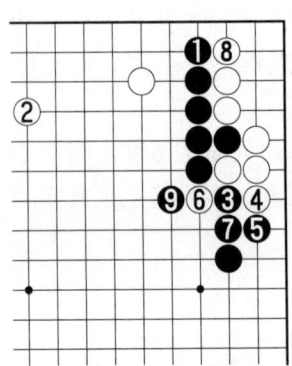

图八 白2直接拆是局部正解。黑3扳，以下至黑9，黑棋的速度慢，不满意。

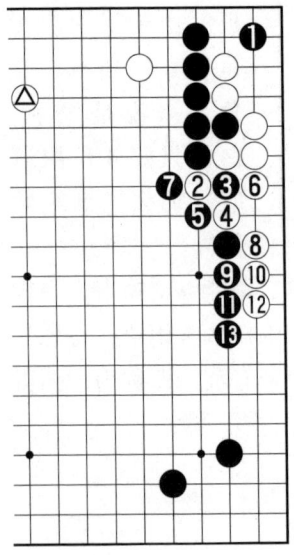

图九 看来，黑1只能跳。黑3、5继续着老一套。

白棋先手爬活。这里白棋一直在爬二路，给人很苦的感觉。

不过，请大家注意，白棋在⊙位已经脱了一先，黑棋现在又落了后手。下边黑无忧角的配置使得整体显得重复。

这样的局面，白棋好调。

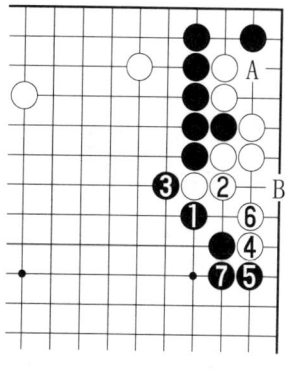

图十 黑1尖顶强手。白棋不能在3位长，黑2断，白棋角上死棋。白4、6先手托活，抢占大场，白棋速度很快。不过，将来黑棋A位爬，白棋只能B位做活，也很委屈。这样局面两分。

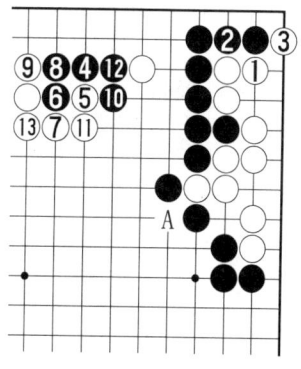

图十一 白棋在1位应，这是牛哥（邱峻的绰号，很牛的意思）强调的下法。本身有逆收9目左右的价值，主要还瞄着A位的断点！以薄杀厚，牛哥下棋就是这么狠！黑棋现在也可以考虑在4位打入吃掉白棋一子。这样获得目数的同时，防住了断点。依然是两分的局面。

中级篇

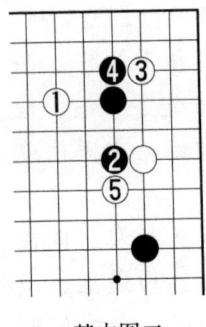

基本图二

一个局部的流行,势必会演变出很多变化。

基本图二 白1、3、5眼花缭乱的战术,透露着逼人的气势!这里又会有哪些变化呢?先来看几盘对局。有个初步的了解,才能更好地理解。

2008年围甲联赛

黑方 周睿羊 白方 李喆

白中盘胜

第四篇

两位希望之星的较量，从一开始就充满着火药味。

黑13接少见。白14、16简明处理。黑棋担心白棋47位尖过，只好17位补棋。白18能够把黑棋封住，白棋应无不满。黑21还得补棋，否则，白21位扳，黑棋无法抵挡。白22开拆，白棋开局不错。

看来，黑13的新手在这个局面下还不成熟。

第十三届LG世界棋王赛

黑方　古力　白方　睦镇硕

黑中盘胜

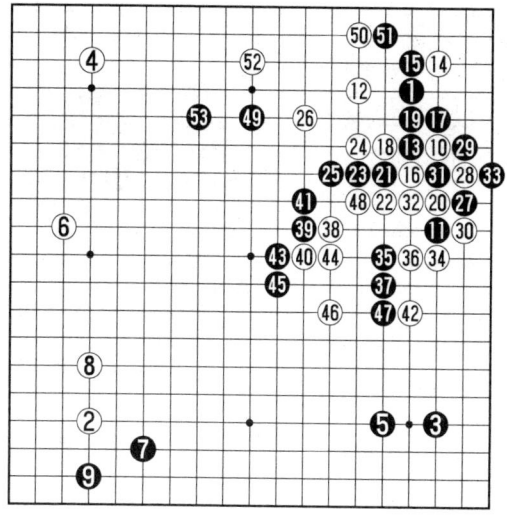

古力选择 17 位虎下，这也是目前认可的下法。

白 20 少见。睦镇硕绰号"盘上怪童"，思路果然与众不同。

黑 21 断，两人大打出手。黑 27、29 好次序，能够先手提两子，心情很愉快。黑 35 继续不依不饶，纠缠白棋。在战斗中，古力棋感确实出众。白 48 被逼迫单关连回，全局好坏不言自明。看来，白 20 的下法也不是很好。

第十三届 LG 杯世界棋王赛决赛

黑方　李世石　白方　古力

白中盘胜

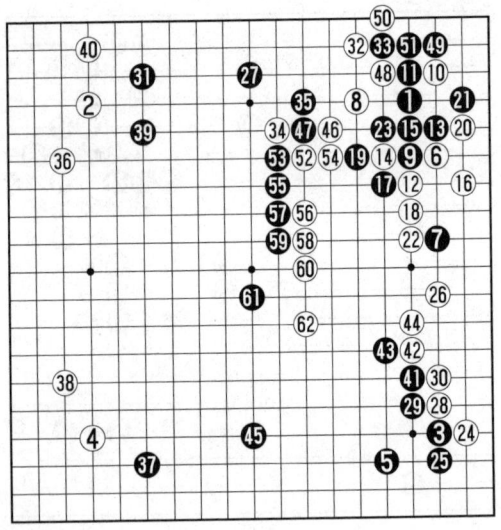

这场被誉为四千年的对决想必棋友们一定还记忆犹新吧。至黑 23 的定型，是目前公认的定式。

白 24 托试应手，很有意思。

这里的变化，我会在后面向大家讲解。

实战黑 25 冷静退，白 28 实地很大。

不过，棋形显得重复。至黑 45，白棋布局并不成功。

白 46 动出时机过早。至白 62，白棋局面被动。

最后是因为李世石的失误，古力才艰难地逆转。

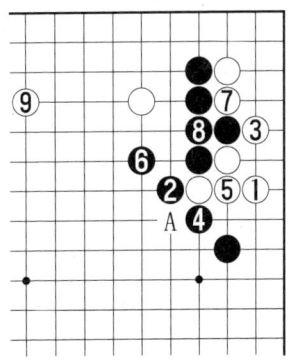

图一 看过几盘实战，您应该有了一个初步的印象了。

再来看看这个局部还有哪些手段。

白 1 单虎，是这个棋形最早提出的下法。

黑 2 如果连扳，这时候白棋可以 3 位扳。

至白 9，研究室的意见是白棋可战，将来黑棋还得提防白棋 A 位断。

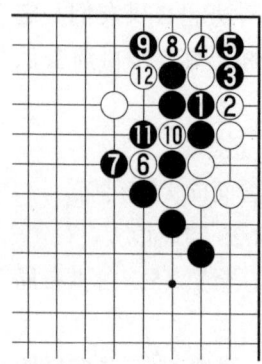

图二 黑1团不能考虑。白4、6简单出棋。

至白12打吃,黑棋崩溃。

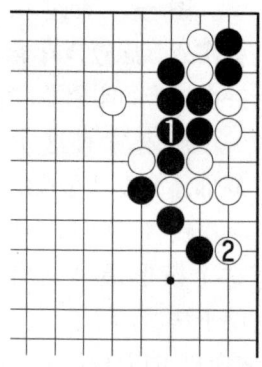

图三 黑1粘形状太丑陋。

职业棋手很难忍受。

更何况,白棋2位托可以轻松活棋。

黑棋忙活半天,不知所云。

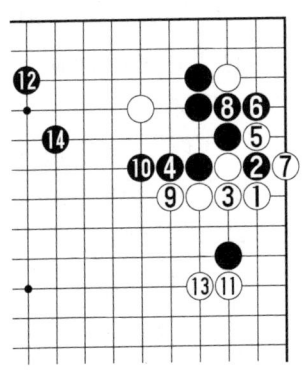

图四 黑 2 打吃，再 4 位长是正确的下法。

白 5 先手打拔一子很愉快。

不过，有时候经常会得势不得分。

白棋整体还是没有完全活。

白 11 是局部腾挪的常用手段。

黑 12 夹攻，双方各自补棋。黑棋上方实地饱满，可以满意。

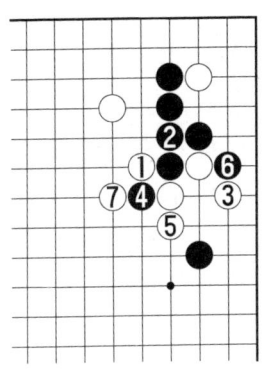

图五 所以，白 1 先打吃才是正确的次序。

不过这个棋形需要注意。一旦黑棋征子有利，黑棋有 6 位打吃的下法，如白棋不能在 7 位吃，白棋将陷入苦战。棋友们在选择这个变化之前，一定要先看清楚征子啊！否则，我可不负责。

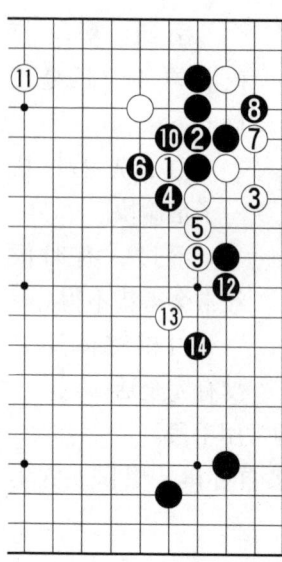

图六 至黑10的变化是目前认可的下法。

白11从上边开拆,这是诱人的大场。不过,黑12长出,同样不小。

白棋13飞,大致的分寸。局面难解。

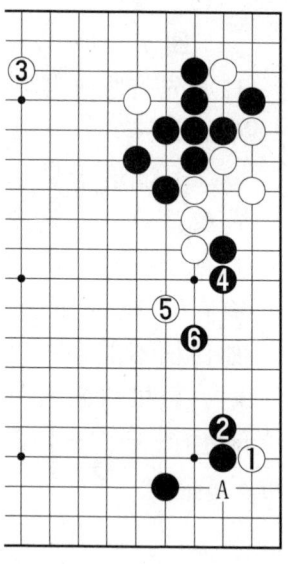

图七 现在,我们回过头来可以看出白棋1位托的用意,其实就是希望黑棋在2位长,白棋再还原成图六,这样将来白棋留有A位活角的手段。黑棋结构重复,当然不能满意。

不过,李世石显然洞察出了古力的意图,冷静地在A位退,实战的结果古力并不便宜。

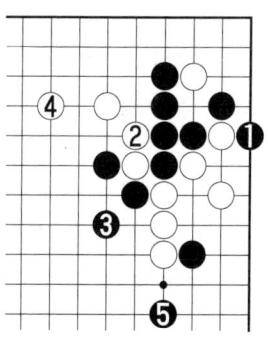

图八 黑1打比较少见。记得在《围棋天地》杂志上,余平六段曾提出过这样的意见。白2跑出并不惧怕,黑5逼住,黑完全可战。

2009年围甲联赛

黑方 彭荃 白方 时越

黑中盘胜

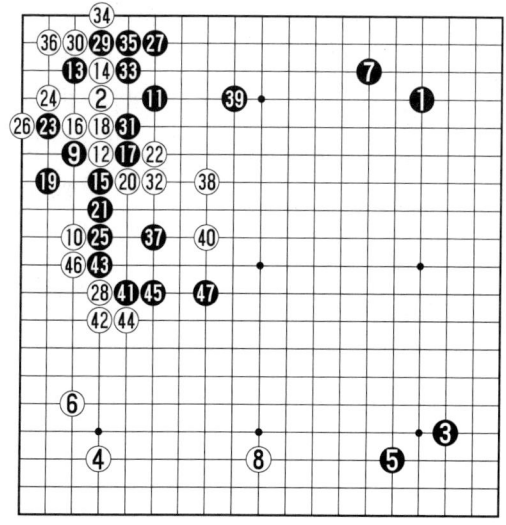

来看一盘实战对局。

白26打吃，时越选择了余平推荐的手段。

黑27迂回作战，彭荃不急于跑出，下得很有耐心。

白28逼住，急躁。黑29、31是相关联的好手，将白棋先手分断。局后，两位对局者一致认为，至黑47的局面，白棋非常不利。

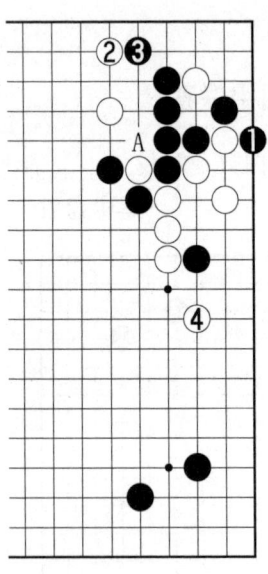

图九 白2跳时，黑3只能忍耐。

白棋大致会4位拆，先安定下边。

黑棋将来始终还是要在A位补棋。

这样局面难解。黑1位打吃的下法可以尝试，但我认为并不一定像余平所说的那样好。

第四篇

高级篇

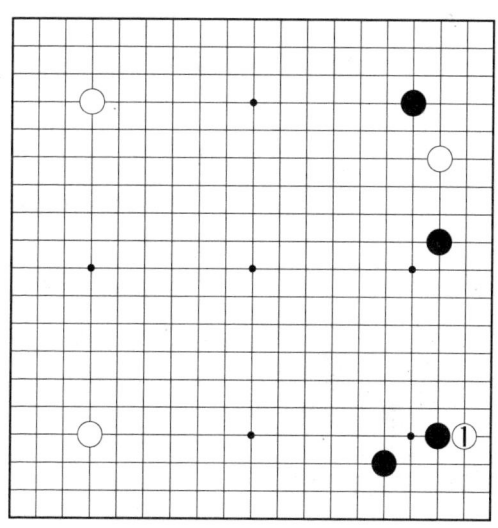

基本图三

白1直接试应手。这里又有什么奥妙之处呢?

其实,如果您已仔细阅读了前面的篇章,想必能够悟出白棋的意图吧。

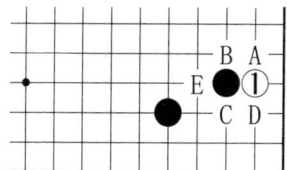

图一 对付白棋1位托,黑棋大致只有A、B、C、D、E五种应法。黑棋E位的应法过于笨拙,只有在特殊场合黑棋才可以使用。在开局阶段,黑棋应不会考虑这样缓慢的下法。

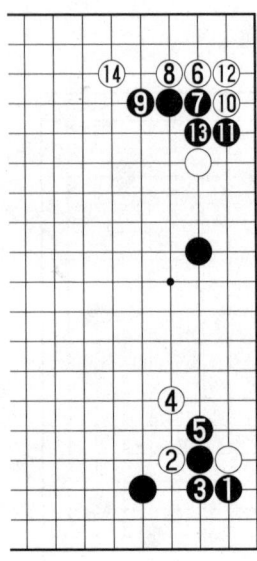

图二 黑棋1位扳,虽然可以护住实地。但将来白棋4位跳,黑5大致还要长,黑棋整体显得重复,外围的势力被白棋限制。

如此,白棋在上方就会选择简明的定式。黑棋整体结构不理想。

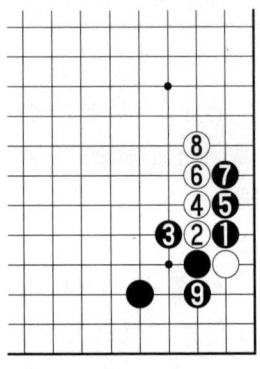

图三 黑1外扳,白棋已经可以脱先了。将来黑棋外围一旦要形成势力,白棋2位断的手段可以起到压缩黑棋的作用。黑棋一样有点头疼。

第 四 篇

图四 黑棋回退也是一种应法。但现在的局面黑棋边上广阔，回退显得气势不足。白棋在上边下一个简单的定式即可。将来白棋A位直接扳起，可以轻松破掉黑棋的模样，黑棋也不能满意。

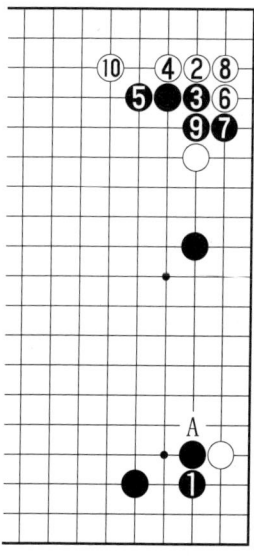

图五 黑1长，照顾外围，黑棋只剩下这一种选择。如果白棋只是在上边简单完成定式，那么下边托的交换就可能亏了。因为相对于活一个小角，白棋外围的损失显得更大。从直观上看黑棋的阵势壮观，完全可以满意。

当然，如果您

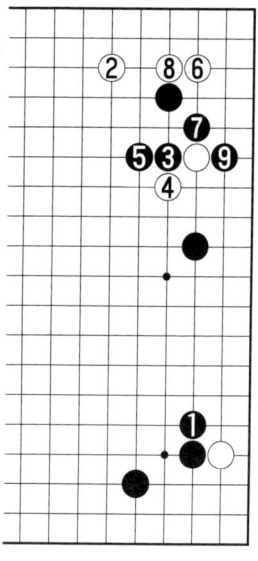

以为白棋只有这一点伎俩,那么就把白棋想得太简单了。

白棋当初托的时候,肯定准备好了黑棋1位长的应法。

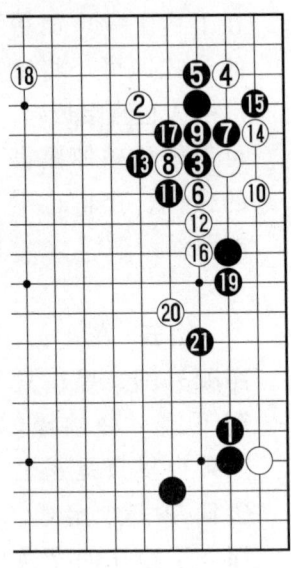

图六 黑1位长,白棋再按照前面我们所讲到的变化进行。

黑棋显然中计了。

从上边的一些变化,棋友们应该清楚白棋托的意图了吧。

给自己留下种种变化的余地,让对方先出牌,了解对手的思路,再展开自己的策略,这样就能在战略上占据有利的位置。

好好品味一下高手们的整体思路,也许您会有豁然开朗的感觉。

那么,该如何抵挡白棋的托呢?

第四届丰田杯世界王座战决赛

黑方　古力　白方　朴文尧

黑中盘胜

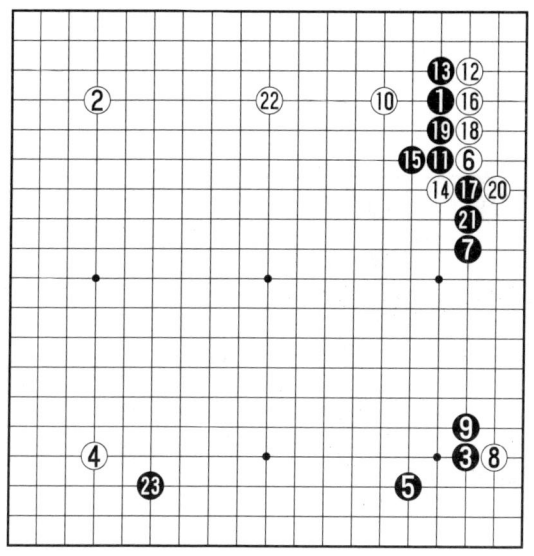

　　这就是年初丰田杯的决赛上，古力持黑与朴文尧的对局。当初很多网站都报道，黑15长的新手是罗洗河提出来的下法。其实，这步棋很容易想到。当初之所以没人下，是大家都认为黑棋的棋形很难看，没有深入地去研究。"以貌取人"的事情，在棋盘上也经常会发生。罗洗河用自己独到的眼光去看问题，提出自己独特的见解。

至白 22 是双方简明的定型。让高手产生分歧的主要还是对局部的判断。我们职业棋手经常会说："计算其实并不是最难的，最难的就是当你计算到这里的变化，却无法判断出这个结果的好坏。"

从这盘棋来看，显然，古力是认可洗河的下法的。

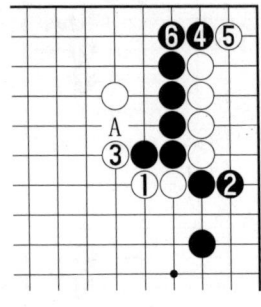

图七 白棋 2 位压，黑棋 5 位扳角，白棋角上已经不活。外围，黑棋随时留有 A 位挖突围的手段，白棋无法封锁黑棋，白棋失败。

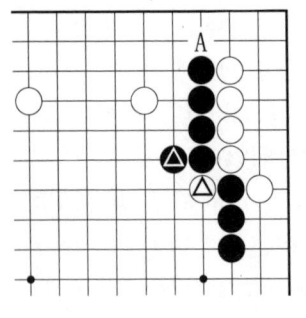

图八 那么，我们就来判断一下这里的得失。

让高手产生分歧的地方，就是白△与黑▲的交换到底谁便宜了。

从棋形上来看，

黑棋是愚形,好像应该不太好。这就是所谓的"以貌取人"判断法。但这样的说法显然不具说服力。那么应该如何分析这里的得失呢?

白⊘断,将来白棋肯定要围绕着这里做文章。如果就这么简单地死了,那么白棋肯定只有亏损。但黑棋A位立是先手,黑棋整体其实很厚实,白棋要想动出⊘位一子来攻击黑棋,这个时机确实不是很好掌握。

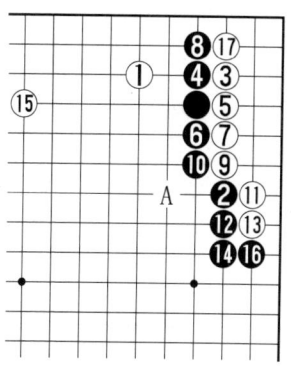

图九 我们换一种方式来分析,也许能看得更明白一些。白1挂至17的结果以前也出现过。与图八相比,白1的位置低一些,但差别不是很大。白13多爬了一下,可能也要稍微亏一些。但这些都不是最重要的。重要的是,白棋少了断的交换,以后就有A位点的便宜。这是明显看得见的利益。而图八,白棋的利益必须建立在以后伺机动出中央,攻击黑棋。这样的利益,要把握起来难度当然要大很多。我想这正是罗洗河支持黑棋的原因所在吧。

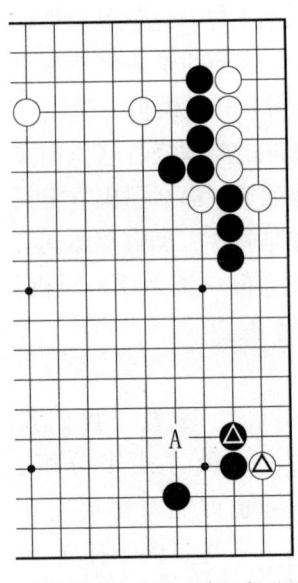

图十 古力实战的选择不仅仅是参考了罗洗河的意见,更看到白棋△位与黑▲的交换。在黑棋外围很宽的情况下,白棋的交换有亏损的嫌疑。白棋失去了将来▲位撞和A位镇的种种手段。

罗洗河提出来的下法是否一定好呢?这还需要更多的实战去证明,暂时还不好轻易下结论。不过,如果一定要投票的话,我愿意投洗河一票。

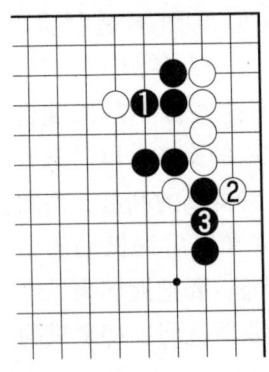

图十一 黑棋还有在1位顶的下法,变化非常复杂。虽然黑棋形状不好看,但如果白棋还是2位打吃,黑棋1位撞伤了白棋边上的子,黑棋肯定要比接住强。

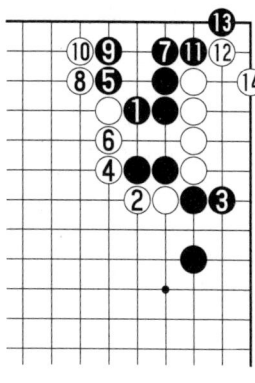

图十二 白2反击必然,黑3立,白4扳住。

至白14,里面的对杀黑棋无法净吃白棋。

白棋外围封住,已经获利巨大,角上只需成劫即可。

黑不行。

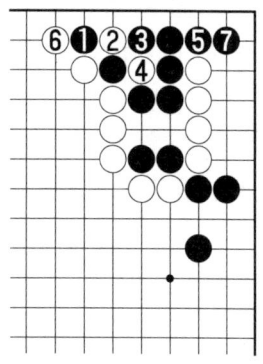

图十三 黑1扳,选择打劫,以下简明形成转换。

黑棋吃角获得一定实地,白棋外围也很厚实,形势不明。

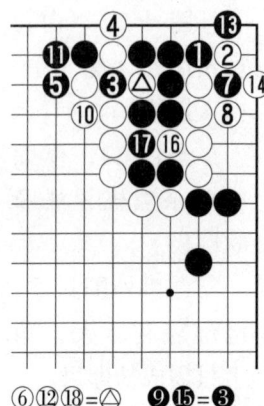

⑥⑫⑱=△　⑨⑮=❸

图十四 白棋2位继续打劫，再4位立态度强硬，白棋追求更好的下法，这里变化十分复杂。

黑11贪心，黑棋劫材不足，黑不行。

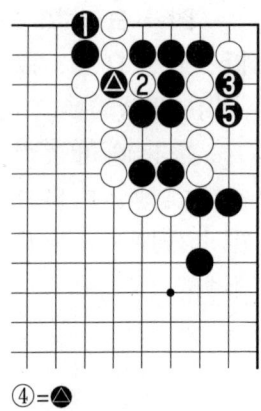

④=△

图十五 黑1打吃是不能考虑的下法。

与图十三作比较，黑棋损失惨重。

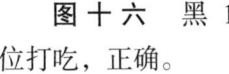

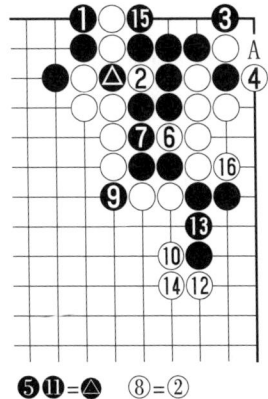

❺❶=▲　⑧=②

图十六 黑 1 位打吃，正确。

接着黑 9 位断找劫。

白 10 位靠出，至白 16 挡。

如果这里形成转换，那么白棋还不错。

可是黑棋还留有 A 位扑劫的手段，导致局面再度复杂化。

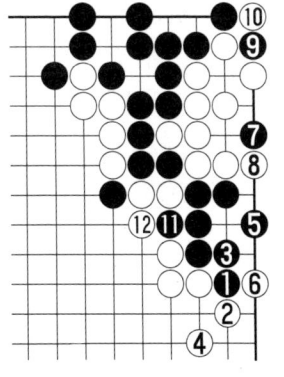

图十七 黑 1 扳粘，继续纠缠。黑 5 做眼是想先手延气。

白 6 执意杀黑，黑棋有 11 位冲吃的劫材。

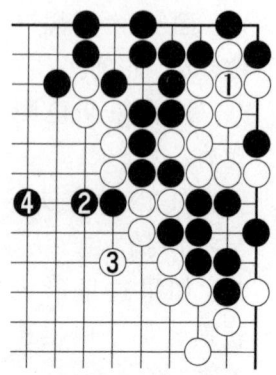

图十八 白棋切不可1位接，黑2先将白棋上边五子吃进，白棋已经无法净吃黑棋。

白棋失败。

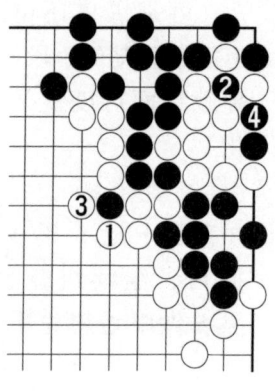

图十九 白1弃掉角部才是正确的选择。

黑棋角上需花三手棋，吃得很累。

忙半天角部只不过30目实地，白棋外围厚实，而且还是先手，白棋简明易下。

当然，白1或许还有更"黑"（狠的意思）的下法。

不过，这样已经很好了。

总之，图十三黑连扳打劫，作战勉强。

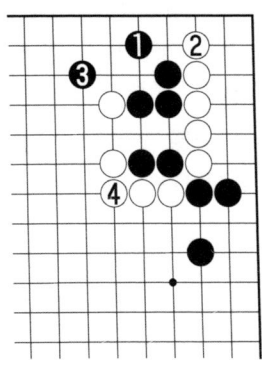

图二十 看来黑棋只好试试 1 位尖了。

黑 3 采取消极的策略。

至白 4，黑棋没多少实空，无趣。

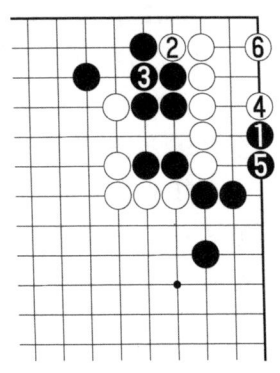

图二十一 由于白棋 2 位挤是先手，角上是活棋。

这个局部的死活需要注意。

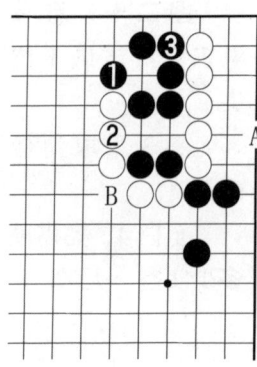

图二十二 黑1虎，白2粘棋形不对。

黑3团，A、B两点见合。

白困难。

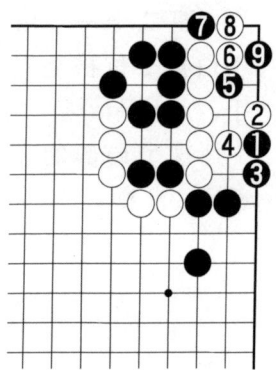

图二十三 白棋角上不能脱先。黑1飞好棋，变化至黑9，白棋净死。

白4在9位跳，黑8点，白棋依然死棋。

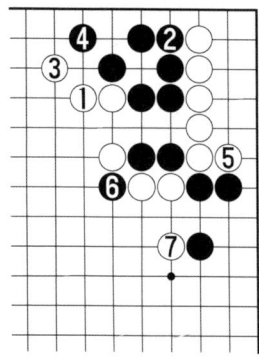

图二十四 白1长才是棋形。黑棋2位团，白3先手便宜一下，然后5位补活。

黑6断，白7靠出，战斗白棋有利。

黑2如果在3位跳出，白棋在2位挤是先手，而且角部已经是活棋，黑依然苦战。

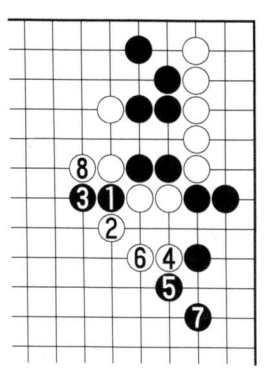

图二十五 黑1断是最强烈的反击。

白2打完再靠是好次序。

黑7补，白棋8位贴出，黑棋上下两难。

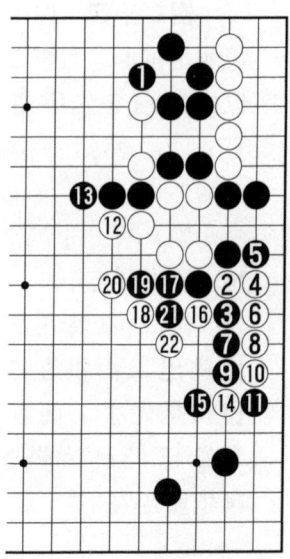

图二十六 黑1补上边,白2断。

白12压的时候,黑13不能再长。

白14断,至白22,黑棋被简单包吃。

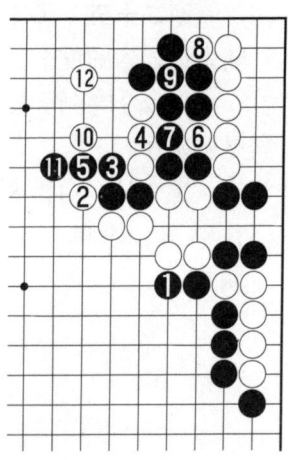

图二十七 黑1只能补下边。

可是白2打吃,黑3不敢跑。

变化至白12,黑棋崩溃。

以目前的结论来看,黑棋图十一的顶不能成立。

不过,棋友们再回头看看古力与朴文尧的对局。白棋8

位托与黑9做过交换,那么图二十六中白棋14位断,妙手兜吃黑棋的手段就没有了。

那么黑棋顶的手段是否可行呢?这还有待今后的研究。围棋的博大精深,才正是它的魅力所在!

第五届韩国围棋十段战

黑方　元晟溱　白方　崔哲瀚

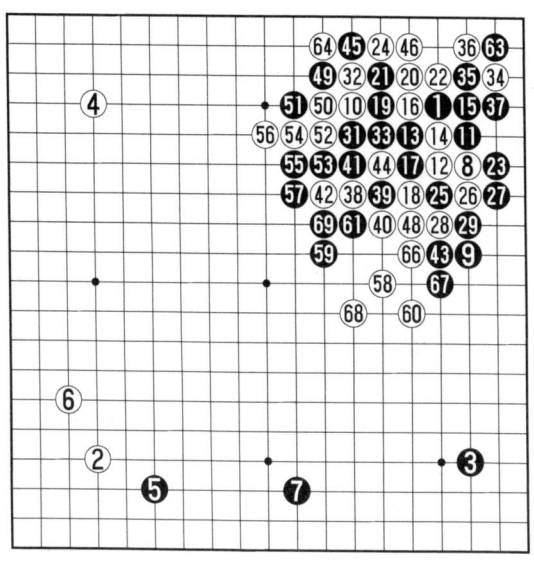

㉚=㉕　㊼㉝=㊴　㊾=㊹

第五篇

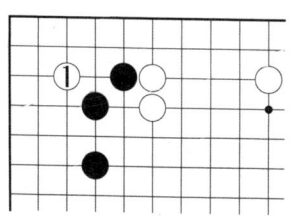

基本图一

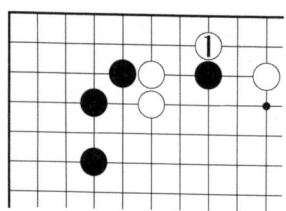

基本图二

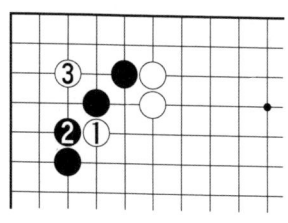

基本图三

基本图三中白1、3的下法对于棋友们来说也许并不陌生。但您是否了解其中的变化呢?在对局的时候,遇到这样的局面,你心里或许会发虚吧?其实局部的变化很复杂。而一旦出错,就很可能是粉碎性的!棋迷朋友只要掌握了这里的手段,在对局时就会对这个局部做到心里有数,我想这一定会对提高您的胜率有所帮助的。

第二十二届中国天元战

黑方　李喆　白方　邹俊杰

黑中盘胜

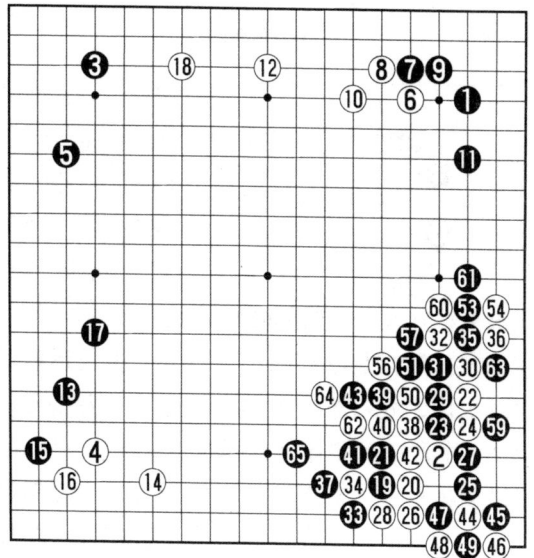

㊺㊽=㊹　㊾=㊾

看到我的惨样了吧。当初我的大角居然被黑棋全部吃光。真是"中刀"的典型教材啊!

对局过后,我做了深入的研究。可是,血的代价已经付出了。多么痛苦的领悟啊!

其实,围棋也是依靠每个局部来构成的。您对每个局部了解了,你犯错误的概率就小了,胜率自然就提高了。希望我书中所写的每个局部,能够对您有实质性的帮助!

为了照顾一些棋力还处在上升期的棋友,我会用由浅至深的方式,循序渐进地给大家做一个细致的讲解。

初级篇

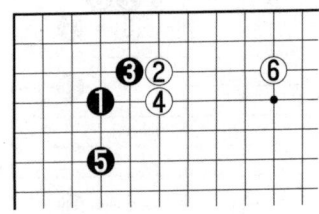

图一 这是我围棋刚入门的时候,老师教我的第一个定式。可是,当我水平达到业余2段的时候,我的老师告诉我,这个定式黑棋是吃亏的。白棋立二拆三形状理想。也许,我对第一个学会的定式有着特殊的感情,那段时间我还是很固执地这样下。因此,我没少挨批评,甚至还挨过板子!二十多年过去了,围棋的理念在不断进步。近年来,李昌镐、古力等世界顶级的棋手频频使出图一的尖

顶，他们总算是为我平反了。可我的板子挨得冤啊！

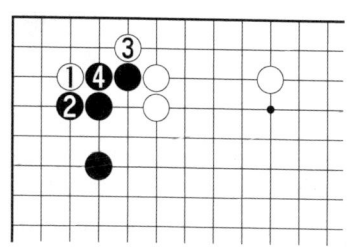

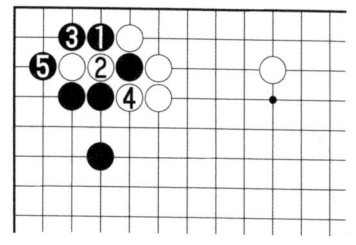

图二、图三 白1点三·3是黑棋角部的弱点。图二、图三是这个局部经典的应法。我在下指导棋的时候，发现大部分棋友都是如此应对的。我不知道大家为何对这个形状如此根深蒂固。我必须大声地宣布，你们都被毒害了！以上两个图的定型，聂卫平老师曾经做过很经典的评价：黑棋任何时候都不能忍受！

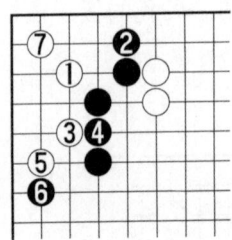
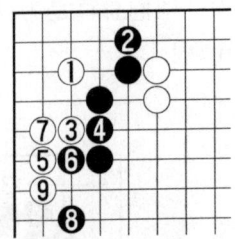

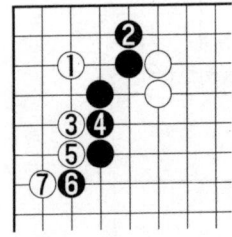

图四、图五、图六 黑2立下来,气势上不能输。但角上大量的"钞票"流失,心痛啊!

图四、五、六中的白棋均为掏空的常用手段。

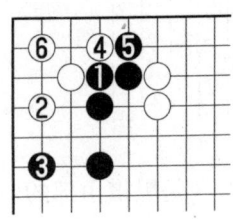

图七 黑1团,如果白2如此活棋,黑棋还尚可接受。

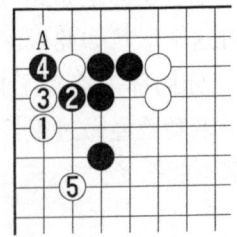

图八 白1飞,黑棋头疼。将来白棋A位兜打,黑棋整体还不活。

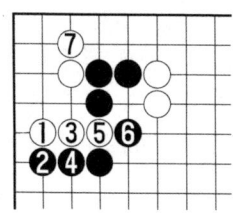

图九 黑2外面挡，白棋轻松做活，黑棋外围还有缺陷。

以上这些都是这个局部的具体手段，但还是要与全局配合来运用。

不可否认一点，对于白棋点三·3的手段，那是相当地头疼！

实战举例

黑方　李昌镐　白方　金起用

黑中盘胜

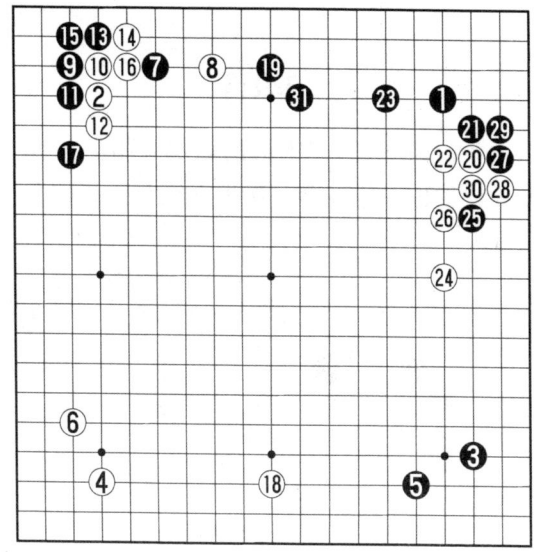

看看我们李昌镐是如何避免"头疼"的。

黑25打入只是个诱饵,先手扳粘才是目的,根本不给你点三·3的机会。

黑31尖,上方瞬间形成庞大的实空。嘿,看着就愉快!

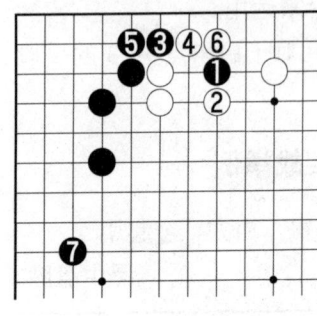

图十 那这个棋型,我们是否可以借鉴一下李昌镐的下法呢?至黑7,实空不少,感觉还不错。

中级篇

各位请注意,"中级的棋友开始上课啦"!前面讲的也许您都会,接下来绝对会让你大开眼界!

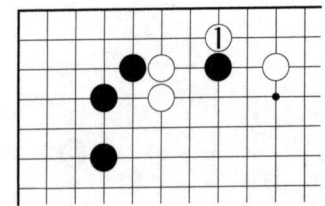

图一 白1托,是局部的好手。

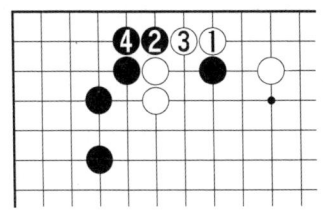

图二 白棋的意图就是防黑棋二路扳。黑棋如果还是扳粘,白棋可以脱先他投了。

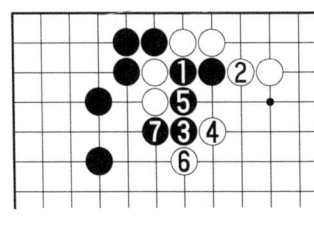

图三 黑1断吃两子,目数并不大。

这里黑棋手数花得太多,重复。

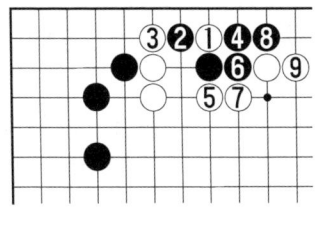

图四、图五 黑棋无论是从哪边扳下,都对白棋形成不了致命的打击,黑无趣。

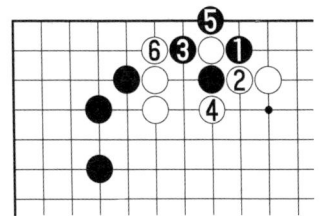

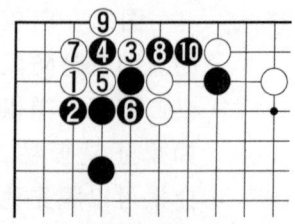

图六 不过,黑棋也有便宜的地方。

白棋在1位点,黑棋可以4位反击,至黑10顶出,白棋苦战。

当初的打入,显出妙味来了吧。

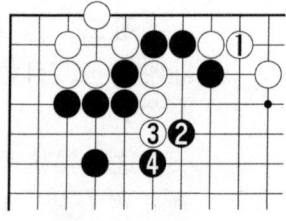

图七 接下来,白棋1位退被黑2夹,白棋被吃。

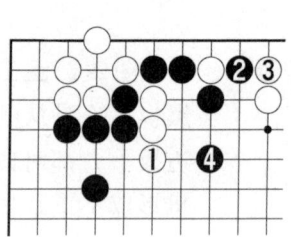

图八 白1长,也注定是一场苦战。

图九 既然你防住了我点三·3,那我就出动"潜水艇"。总之,想守住大角,门都没有。这年头,围点空咋就这么难啊!

别小看这步哦,给大家看盘实战。

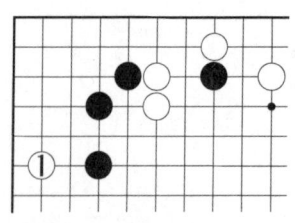

2008年围甲联赛

黑棋　俞斌　白方　赵哲伦

黑中盘胜

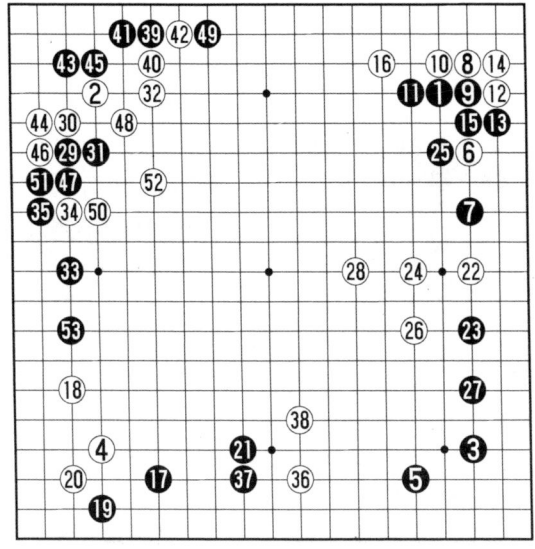

黑39狠狠地掏空。俞斌老师对"钞票"真敏感！白棋显然对此招准备不足。白48还要补断点。黑棋49位夹让白棋局部已经没有应手。黑53处理好下边，白棋这一带几乎一目没有走到。黑棋正是依靠这招"潜艇"重创白棋。厉害吧，这是职业棋手也一样挡不住的"飞刀"！

我们常说棋要下在宽广的一面，早早下在

二路与棋理不符。但下棋一定要学会灵活应用。棋理要清楚,却不能被棋理束缚,这样才能下出自由的有思想性的围棋!

我们接着看这里的变化。

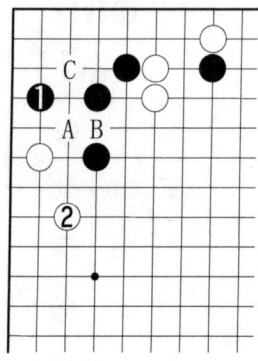

图十 黑 1 防守,白 2 飞起。将来还留有白 A、黑 B、白 C 的手段。

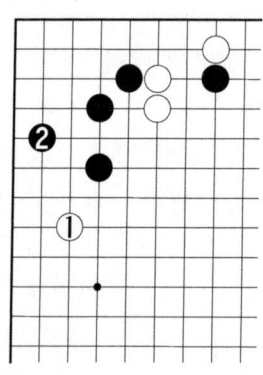

图十一 相对于普通的进行,我们应该可以看出图十的好处吧。

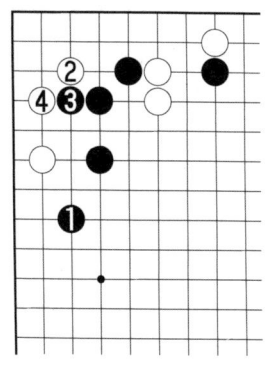

图十二 黑1从外围封锁,白棋由于有了二路的接应,可以从4位扳过。黑棋无计可施。

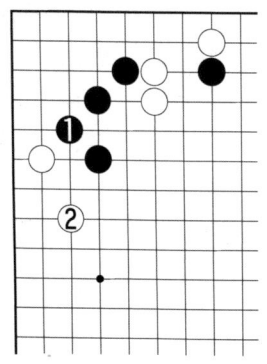

图十三 黑1尖,也是一种应法。

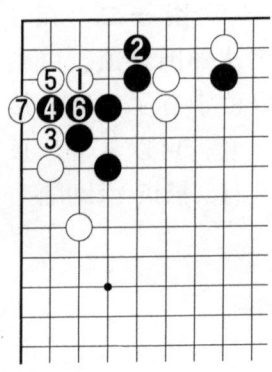

图十四 接上图,可惜的是黑角并不踏实,白棋有点角的手段。

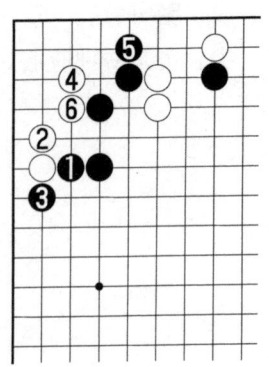

图十五 黑1顶,也无法阻挡白棋活角,黑棋外围还存在缺陷,大失败。

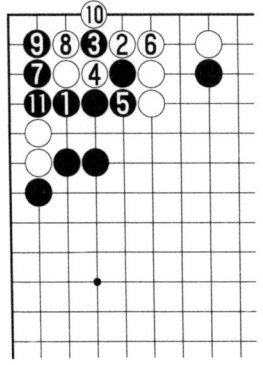

图十六 黑 1 先冲,想便宜一下,白棋 2 位扳至黑 11,白棋成功。

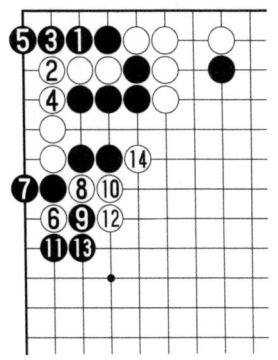

图十七 黑 1 从这边打,白有 6 位夹的好手。黑棋不行。

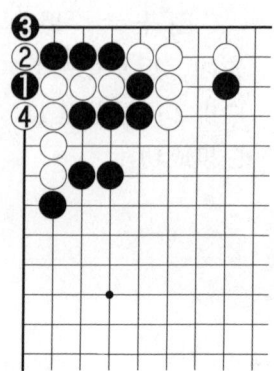

图十八 黑棋1位扳,白2一扑,简单成劫。

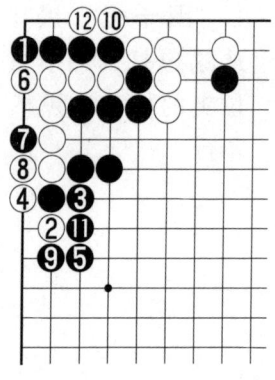

图十九 黑3粘,白4渡过已经长气,白快一气杀黑。

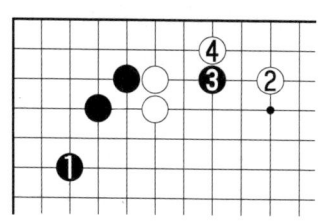

图二十 正是考虑到角部不够牢靠,所以现在黑1小飞的下法比较流行。

至白4是最近常见的定型,双方均可接受。

可还是有某些"心狠手辣"的棋手并不满足。

高级篇

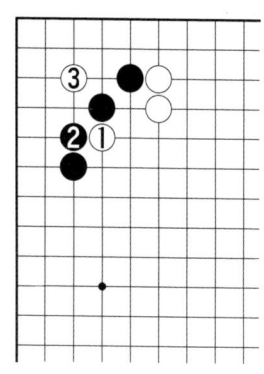

图一 终于进入最复杂的部分了。白棋1、3还要继续纠缠。总共就这么点空,还不肯给,还让不让人活啊!是的,是没打算留活路!

进入高级篇,我善意地提醒大家一句:注意身体。最好在头脑清醒的时候再看。而对一些棋力还不太够的棋友,我奉劝大家最好别看,因为,看了你也不明白,有这时间不如找人杀一盘来的畅快!

当然，如果你掌握了这里的变化，我敢保证它一定会让你痛宰到对手几盘。因为，我就这样被杀花过。

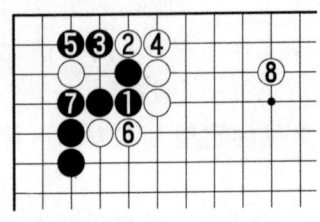

图二 黑1团是最简单的应手，可以安全地守住角地。白2、4的先手扳粘心情很愉快，关键是加强了本来薄弱的拆三。黑棋不满意。当然，黑棋这样下，是可以避开复杂变化的。对于这些细微的便宜，我想是不会影响到棋友们一盘棋的胜负的。

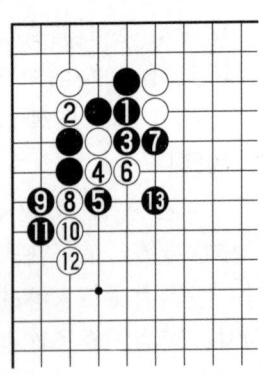

图三 白2如果还断，就是在无理取闹了。

黑13夹，白棋已经崩溃。

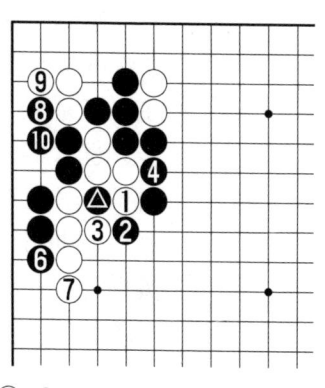

⑤=△

图四 这就是执迷不悟的下场。

黑棋是活棋,大哥,你该清醒一下啦!

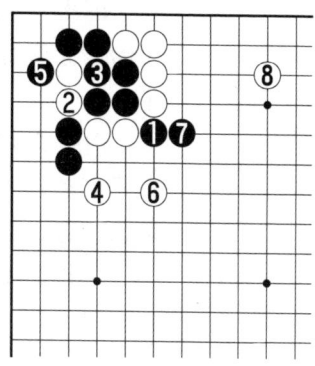

图五 黑1断,白2打吃有细微的便宜。至白8的战斗,黑棋很无趣。

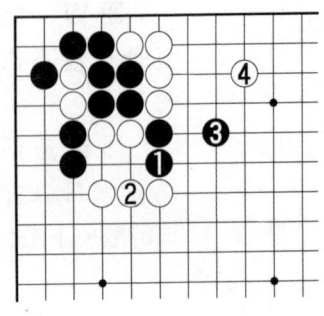

图六 黑1顶虽然是先手,可是下一步,也拿不住白棋。只能看着白棋拆出,黑棋还是看不出好来。

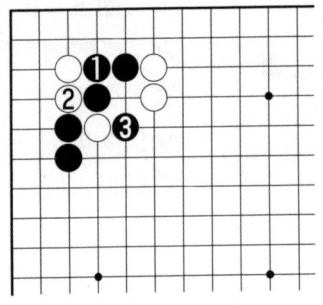

图七 忘了给大家解释了。

白棋必须征子有利,才可以进行。否则,黑棋简单1位团,白2断,黑3征吃即可。

第 五 篇

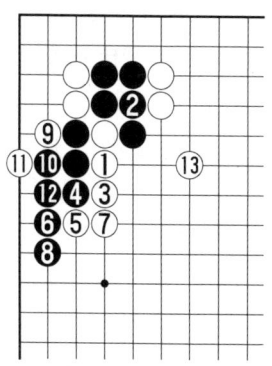

图八 白棋征子有利,可以 1 位出逃。

黑 2 的形状就有点不敢恭维了。

至白 13,黑棋被封在里面。

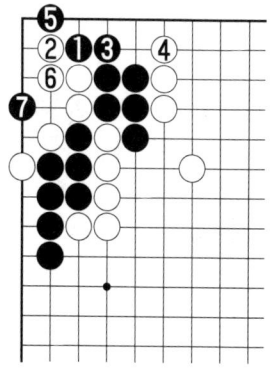

图九 黑 1 是可以吃掉白棋,可不要忘了,当初这本来就是姓"黑"的。

白棋将黑棋全部封锁。您要是认为黑棋还不错,那您要加油了。

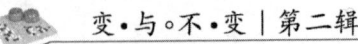

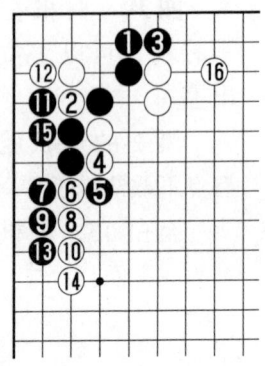

图十 黑1立，形状上要比前面的图好看得多。

白2断，这是必然的一手。黑3拐考验白棋。白4压，黑5扳，白6断。以下至白16，黑棋还是被封在里面，依然不成功。

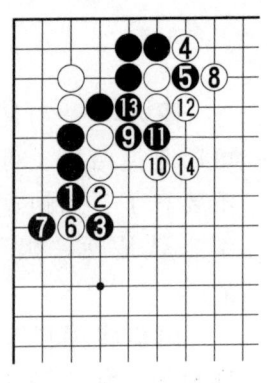

图十一 黑1长，白2继续压，白6断次序巧妙。

至白14，黑棋还是被封在里面。黑崩溃。这就是我的实战图，悲惨世界啊！这么痛苦的事，就让我默默承受吧，您就别再重蹈覆辙了。

大家注意，这里很多变化都会和征子发生关系。

白棋一定要确保征子有利，否则白棋是不能这样战斗的。

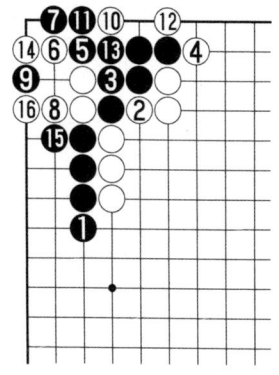

图十二 黑1继续退，白2打吃完扳住。角上对杀形成双活。

当然，黑9在14位打吃是打劫。自己的角空被弄出个打劫，想想这是什么滋味。我宁可喝上一杯不加糖的咖啡！

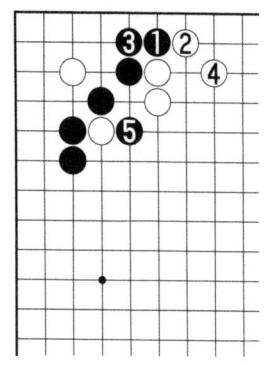

图十三 当初黑1扳，是最好的次序。

白2、4简单应对，多少显得无趣。

黑棋可以满意。

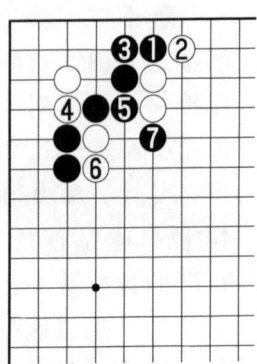

图十四 黑7扳,开始求变。

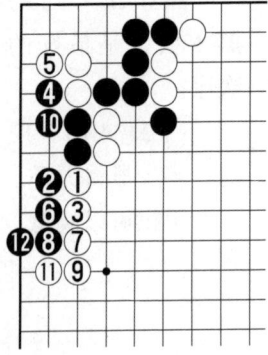

图十五 接下来至黑12,黑棋吃掉白角。

局部来说,白棋吃亏。

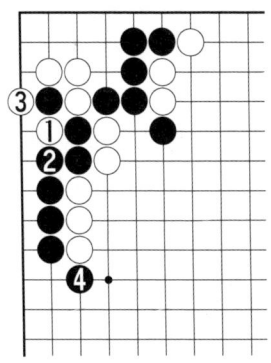

图十六 白活角是不能考虑的，黑4扳起。

白棋外围的损失远远大于角上的实地。

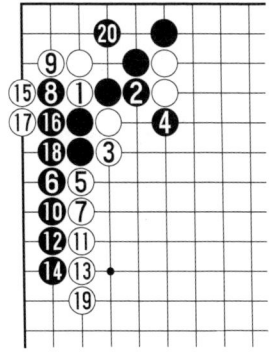

图十七 白1单断，才是正确的次序。

同样是弃子，白棋好于图十五。

白棋在全局有配合的情况下，也可以一战。

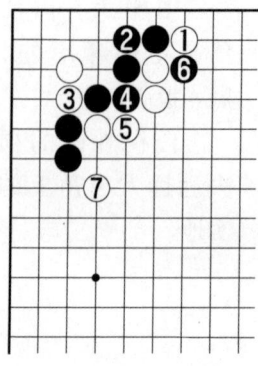

图十八 白棋还有在5位挡的下法。

战斗异常复杂。

哎！谁可怜一下我吧，我写得好晕。

记住！善战者不乱，请保持清醒的头脑和镇定的心。

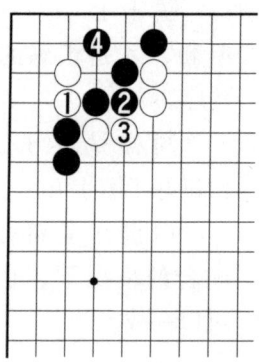

图十九 白3先挡次序有误，这样黑棋可以4位虎，与白棋角上对杀时，黑要有利很多。

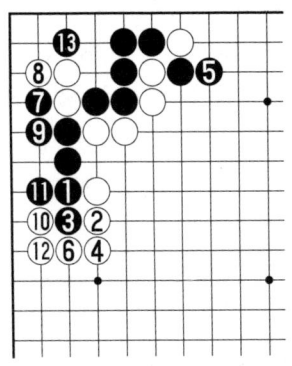

图二十 黑1、3连爬，吃住白棋获得实地。

白棋将下边封住，也无不满。

关键还是要看周边配合的情况。

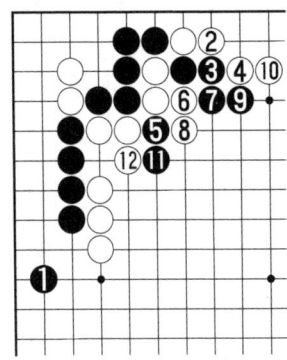

图二十一 这个局部任何时候都会和征子发生关系。

所以，一定要看清楚周边的情况。

黑1飞出，至白12形成征子。

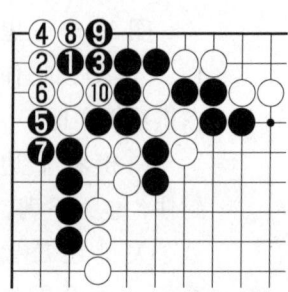

图二十二 外围一旦突破不了,角上黑棋将被白棋扑杀。总之,这里的变化非常复杂。尽管我做了仔细的研究,但我相信今后肯定还会有更多的发现。我们再来看一盘实战对局,也许可以让棋友们有更深的体会!

第十届韩国麦馨杯九段最强战决赛

黑方　崔哲瀚　白方　朴永训

黑中盘胜

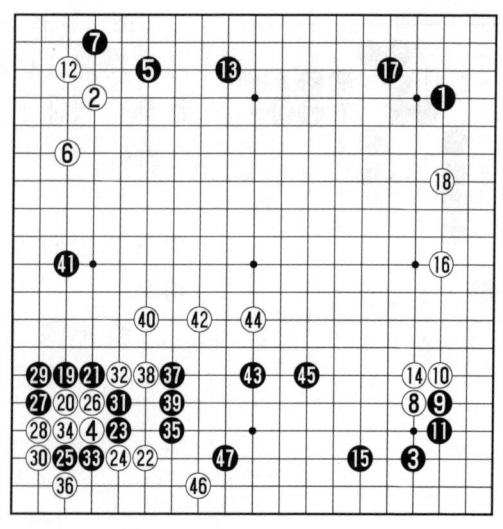

面对崔哲瀚的挑衅,棋风稳健的朴永训还是不敢正面应战。白32以下断出作战,目的不明确。

白40、42、44在空中独自起舞,毫无意义。

黑棋靠气势一举确立优势。

实战举例

黑方　李喆　白方　邹俊杰

黑中盘胜

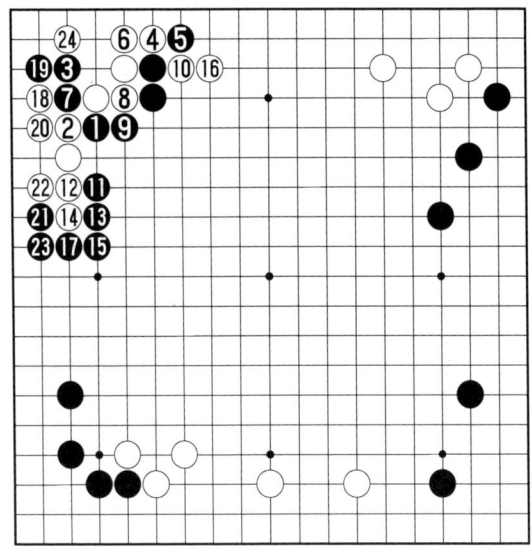

上图崔哲瀚的对局,布局阶段和我这盘并无多大区别。在这个局面下,我认为这是双方

最佳的结果。不过，此局面黑棋左下的配置不好，整体略显重复，白棋可战。

心里有底了吗？赶紧上网练两盘吧，您要是这么"抢"上去，基本要倒下一片！

第六篇

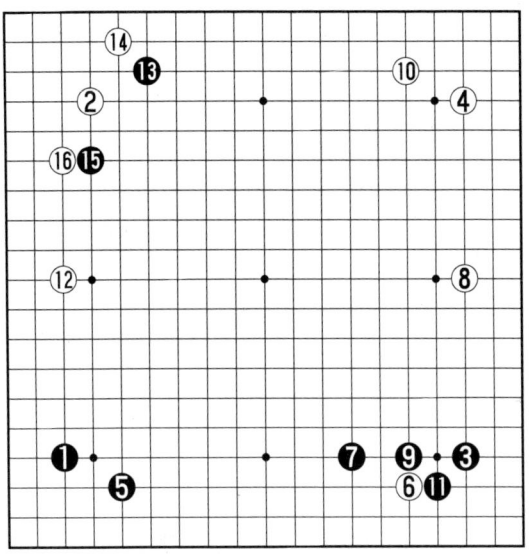

基本图

这期给大家讲的是我在训练棋中出现的一个局部。这个局部还是比较常见的。在这里我要提醒大家一下，很多局部的战斗都是和全局的配合发生关系的。因此，不希望大家去背我讲的变化。因为一旦周边的情况发生了变化，所有的战斗都会不一样。经常有棋友会来问我："为什么你讲的东西，我一用发现根本不行啊？"我看了以后才知道，原来全局的情况完全不一样。那自然是不行的。围棋是千变万化的。如果靠背能够赢棋，那就没有什么水平高低之分了。完全比谁的记忆力好就行了。那电脑肯定轻轻松松就把人搞定了。

基本图是训练棋的实战进行。今天我们的焦点就在白16托这着棋上面。

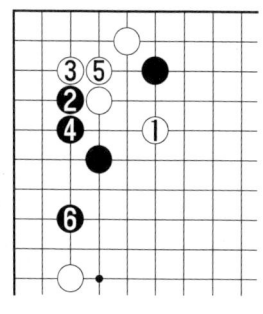

图一 先来给大家讲讲这步托的意思。白1飞普通。以下至6的变化，大致正常。但白棋的角有点小。我不是很满意这样的下法。

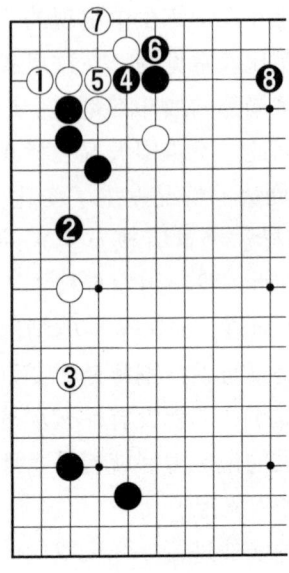

图二 从心情上来说白1很想立下。

但是当白3位拆边的时候,黑6的拐让白棋难受,至黑8,一眼看过去,就能感觉到白棋有多委屈。

这样当然不能接受。

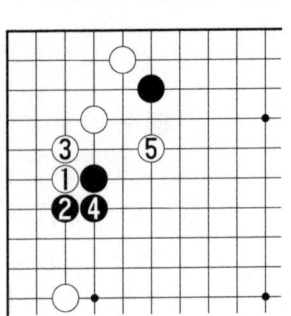

图三 这是白棋的理想图,这样白棋的角地要饱满很多。

那么黑棋当然就不能满意了。

围棋为什么总是会有战斗呢?谁都知道不战屈人是最高的境界。当一个地方双方没有达成妥协,那么战斗就会发生了。我们可以换一个角度去想想,当你觉得自己满意的时候,那么对方往往就不会觉得满意。所以,对方一定会去反击。在职业棋手的对局中,往往为了不愿意亏损哪怕2目棋而展开血战。

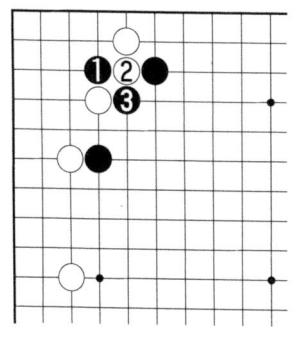

图四 黑1、3靠断,开始发动反击。这场战斗看起来双方都没有退路。

图五 很多棋友都有贪吃的毛病。白1的打吃正好中了黑棋的计。

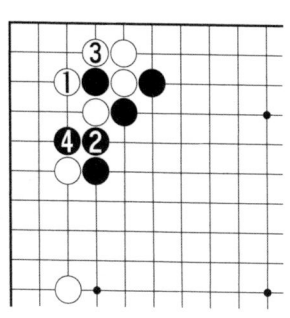

黑棋通过弃掉1子,获得4位的冲下。黑棋作战成功。

图六 白1下立,想护住角地。黑2长,以下变化至黑6。双方在这里都寻求一种和平的解决方法,结果大致两分。

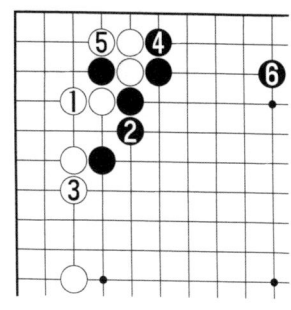

但在这个局面下,黑棋有更好的选择。请接着看下面的变化。

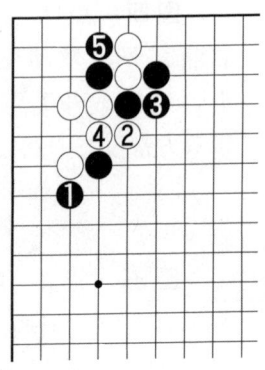

图七 黑1扳下,是严厉的一手。白2很想打出来。但是黑5可以把白棋两子吃掉。白亏损。

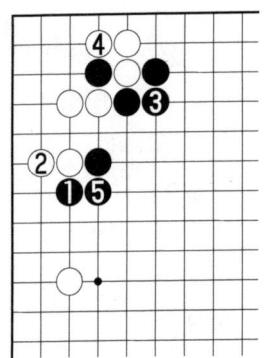

图八 白2如果立下,虽然这样可以护住角上的实空。但是两边都被黑棋包住。边上的白子也被孤立。这样下白棋太委屈,不能满意。

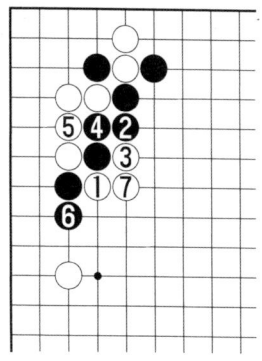

图九 白1断是最强烈的反击。黑2长不好。变化至白7,黑棋两边都很重。黑棋苦战。

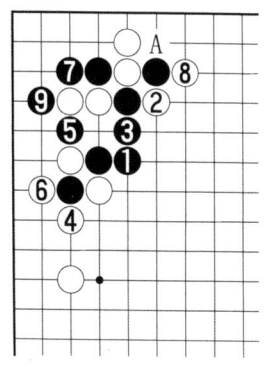

图十 黑1长才是局部的正解。白2打吃虽然很愉快。黑3接冷静。看起来黑棋的棋形很不好,但是接下来白棋非常难办。至黑9的变化,白棋的角地变成黑棋的实空,当然不能满意。白8如果在9位立,那么黑棋在A位挡,白棋这边的两子被吃,同样不行。

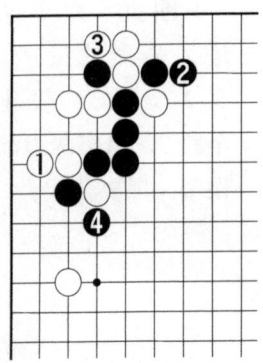

图十一 由于全局黑棋的征子有利,黑棋可以4位吃掉一子,将白棋完全包在里面。黑棋有利。

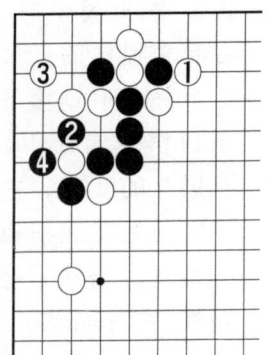

图十二 白1从这边吃,但是另一边黑棋吃掉一子。黑棋更加厚实。

这样白棋同样不行。

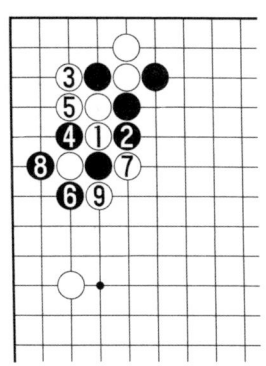

图十三 白1顶才是局部最强的手段。黑2可不能随手就挡。那样变化至白9，黑棋两边都危险。打劫全盘又没有劫材，这样黑棋崩溃。

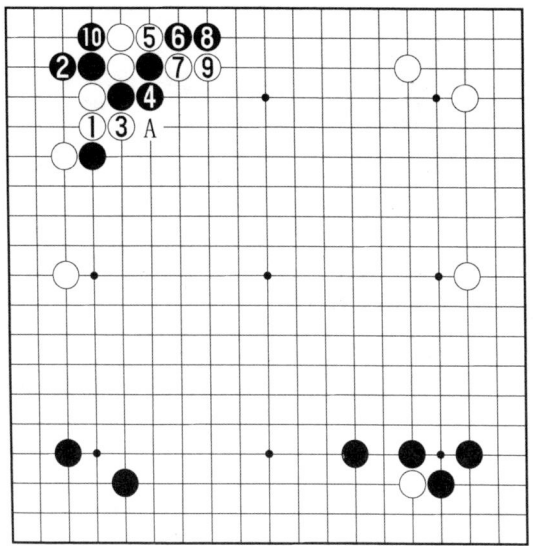

图十四 黑2必须在这里长。但是这里要提醒大家，这个变化必须是黑棋征子有利才可以。否则，如图中的进行，白棋可以于A位征吃掉黑棋。

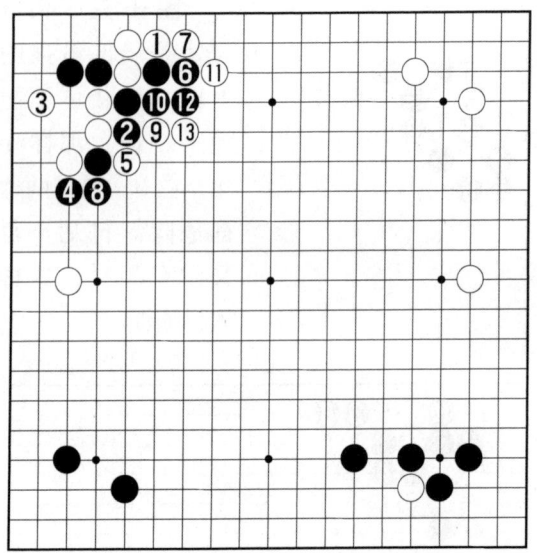

图十五 由于征子不利，白1拐只此一手。黑2必须要挡。黑4很想在这里连扳下去。但是变化至白13，黑棋刚好被征吃。

围棋就是这么有意思，刚才还征不掉黑棋，现在却被征吃了。全局的每一个子都会发生联系。

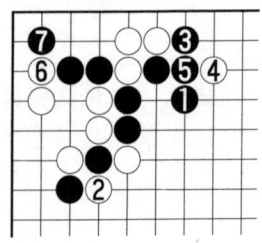

图十六 黑1虎，看起来还不错。形成黑7的局面，黑棋吃掉了白三子，还可以接受。

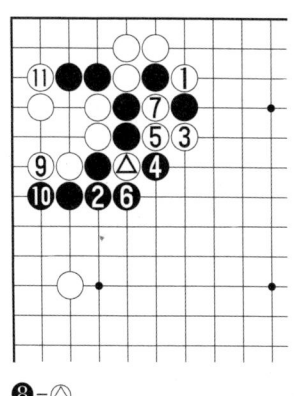

❽=△

图十七 可惜的是,白棋可以在1位吃。黑2粘。虽然白棋吃不掉黑棋的棋筋,但是白有3位夹的手筋。变化至11,白棋的角地太大。黑棋形成一团饼。黑棋不行。

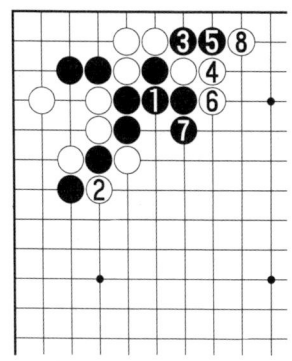

图十八 黑1是不能接的。否则,白2提后,黑棋还是吃不掉白棋三子。至白8的变化,黑棋反而被杀。

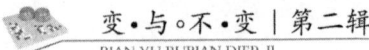

图十九 黑1长,变化至黑7。我们认为局部大致差不多。但是白棋右边的无忧角配置太好,黑棋不太满意。

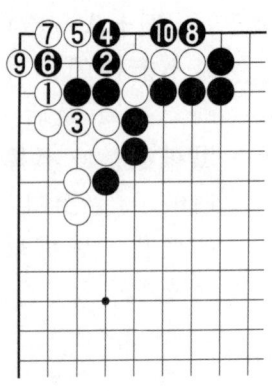

图二十 值得注意的是,白棋杀角切不可在1位爬。那样黑2挡,然后4位立,巧妙。白棋被杀。

那么这一带双方的正解到底是什么呢?

第六篇

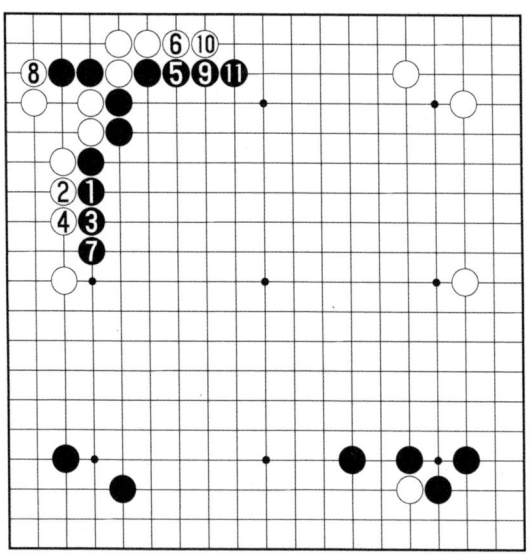

图二十一 我们目前的结论是，在全局的配合下黑 1 长是局部最好的下法。变化至 11，黑棋取势，白棋取地。大致两分。不过对于这个图的结果，参与研究的棋手多数还是觉得白棋好一些。因此，我认为图一中的托可以成立。

围棋的研究是无止境的。说不定哪天，我今天所讲的局部就会被推翻。所以有时候不敢也不愿意去下结论。但我想结论错了又如何？今天的结论被明天推翻，说明什么呢？说明我们进步了。

第七篇

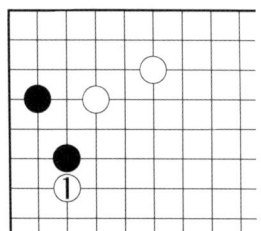

基本图一

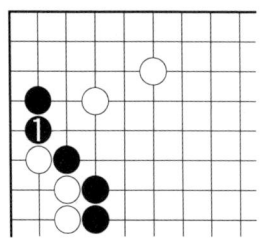

基本图二

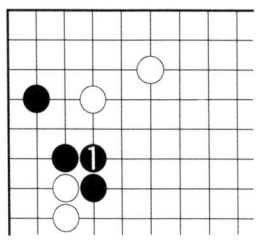

基本图三

基本图一白1靠是20世纪90年代初在韩国棋手的带动下开始流行的。在将近二十年的时间里出现了上千盘的对局。也涌现出很多新颖的变化。基本图二中黑棋顶的变化,也许很多棋友连见都没见过。基本图三是最新的手段,引发了很激烈的变化。想看个究竟吗?跟着我,我会带您领略全部的风光。

初级篇

在了解基本图二和基本图三的变化之前,我们先来看看这里究竟还出现过哪些下法。

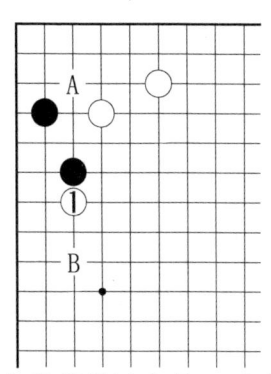

图一 在我学棋的年代,日本是围棋最强国。著名的日本六超,对于当时的我来说就是梦幻般的偶像!我们那一代棋手,都是打着日本围棋年鉴的棋谱过来的。不过,以现在的眼光来看,日本围棋过于讲究棋形的美感,一招一式被棋形所束缚,放不开手脚。大竹英雄老师绰号"美学围棋",曾因不愿意下出难看的棋形而宁可认输!对于现在学棋的学生来说简直是无法

想象的!在日本,围棋不仅仅是竞技,更多的还有艺术的成分。20世纪90年代,曹薰铉老师带领韩国棋手杀出了一片天地。从白棋1位靠,就可以看出韩国棋手在20世纪90年代的初期,骨子里就出现了躁动,一种突破的躁动。围棋应该追求更高更快的效率,正是凭借快速的围棋理念,韩国围棋有了如此辉煌的成绩。现在,国家队里几乎连一本关于日本围棋的杂志都很难找到了。胜负世界就是如此残酷,曾经如此辉煌的时代,也总有失去头上光环的那一天!盛极必衰,这是历史的规律。照着这样的规律,下一个辉煌应该属于我们中国的围棋了吧!

我们回归主题,图一白A位尖角,黑棋B位拆二是普通的定式。这样的下法当然也可行,不过,相对来说失去变化。细心的棋友也许会注意到,李世石持白棋几乎从不在A位尖角。即使他不下1位的靠,也会选择脱先他投。喜欢战斗的棋风,是不愿意将棋局导向沉闷的。

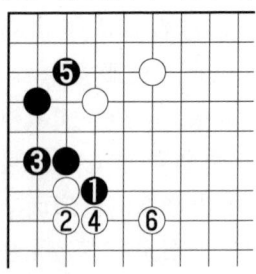

图二 这是很早以前的下法。

白棋取势,黑棋取地。

图三 现代的围棋,更加重视实地。

白 1 尖角的下法开始流行。

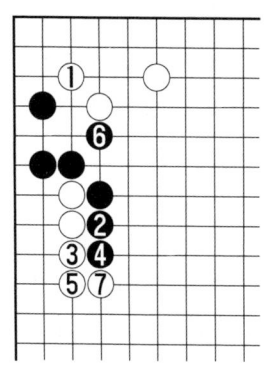

图四 本图的变化比起图三少压了一下,好坏很难说。但是这两个图白棋都起到把两边都走到的效果。

黑棋的形状看起来有点局促。所以现在很少有人这样下。

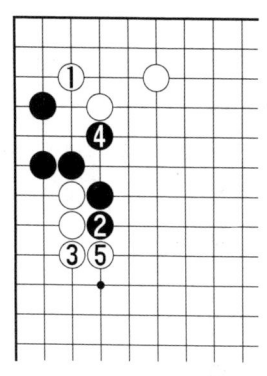

因为大家都知道围棋的规则从以前贴 $2\frac{3}{4}$,到现在黑棋贴 $3\frac{3}{4}$,也就意味着黑棋的贴目一下比以前提升了两目。那么规则的不同,下法自然就会不同。

在现行的规则下,黑棋需要更积极,要更多地发挥自己的先手效率。因此,以前的很多下法都会被淘汰掉。落后的东西自然会被淘汰。这是必然的规律。

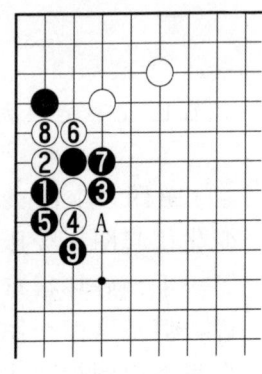

图五 黑1下扳,白2断,手筋。这是常见的下法。

由于黑棋以后还要防止白A位的出逃。

黑棋整体的速度还是较慢。所以,如果不是特殊的场合,黑棋都不愿意这样进行。

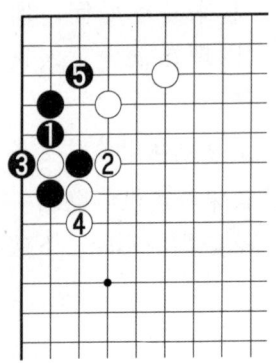

图六 这也是变化的一种。

但是,就局部而言黑棋是明显吃亏的。

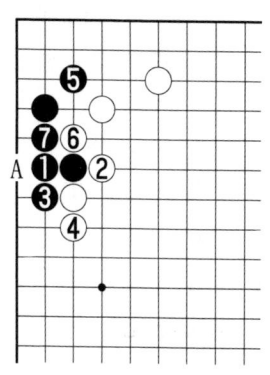

图七 为什么图六的变化黑棋吃亏呢?我们从图七的分析中,可以找到答案。

白靠的时候黑棋 1 位立,被白 2 扳住已经不是很满意。接下来黑 3 二路拐与白 4 的交换明显大损。至黑 7 的变化与图六相比无非黑棋在 A 位多了一子。白棋损失可以说非常有限。那么整体来看,黑棋吃亏还是非常明显的。

当一个局部的战斗告一段落,如何判断好坏呢?用这样的方法去分析,是高手们经常使用的。

谁能在更短的时间里准确地判断出局部的得失,这就是高手和低手本质的差距。

所以在我教学生时,我经常会告诉他们计算固然非常重要,但是,最难的还是判断。判断清楚了,思路就会更清晰。控制局面的能力就会提高。这也是要想成为高手必须具备的能力。

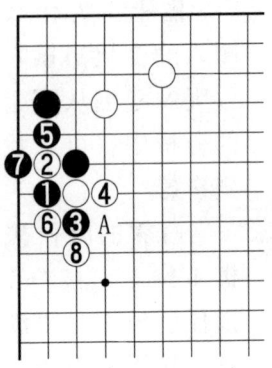

图八 白棋靠的时候还需要注意征子的关系，因为黑棋还是有3位打的下法。如果征子黑棋有利，那么黑棋在A位逃出，白棋不行。

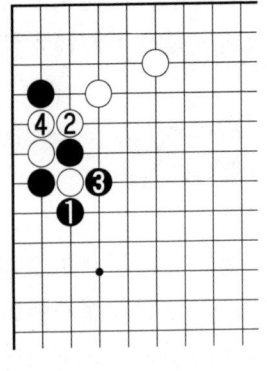

图九 白2打吃是不能考虑的下法。大家可以拿它和图五做比较，马上就会明白了。黑棋外围没有了引征的手段，关键是本图黑棋是先手，而图五黑棋是后手。孰好孰坏，很好判断。

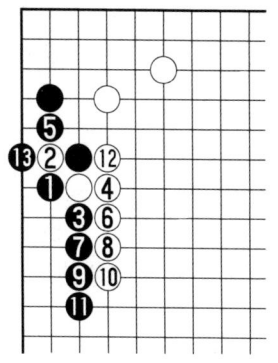

图十 在征子不利时,白棋6位拐是一种取势的下法。

白8、10先压是好次序,黑棋敢扳,白棋就断,黑棋作战不利。

在某些场合,是值得借鉴的下法。

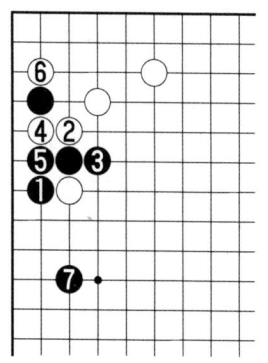

图十一 白2尖是场合的手段。

黑3绝不会在4位挡,至黑7的变化,局部白棋稍亏。

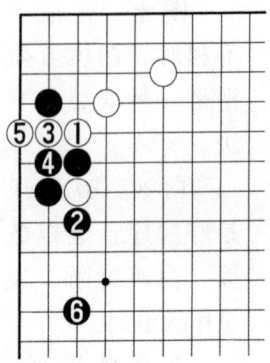

图十二 黑棋也可以选择2位打吃的变化。

局部也是黑棋不错。

总之，白棋尖的下法须谨慎使用。

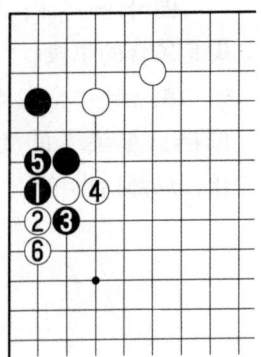

图十三 白2直接连扳，也是不错的手段。

黑5接里面太委屈，即使征子不利，白6位长出也完全可战。

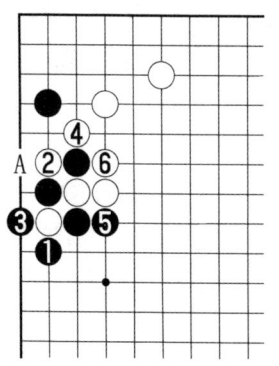

图十四 黑1吃必然，接下来黑5贴。

将来A位的劫是棋局的焦点。

好坏不明。

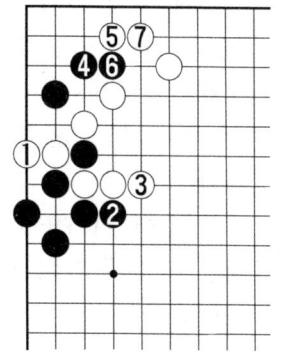

图十五 黑棋直接脱先，白棋有1位立的手段。

黑2再贴，白棋可以在3位长。黑4位尖，黑局部无法活棋。

不过，角上还是存在一些味道。比如，黑4在5位点，总还会有一些手段。

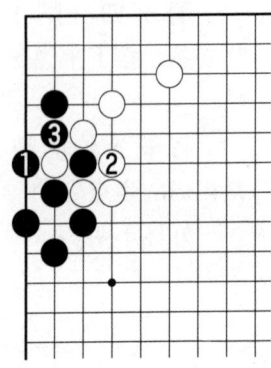

图十六 黑1直接打过也可以。

不过,气势略显不足。

在开局阶段,我不支持黑棋这样的下法。

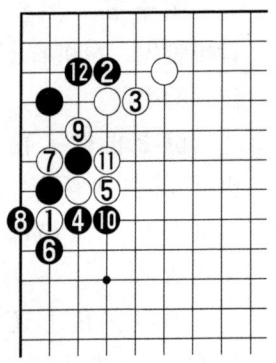

图十七 白1扳的时候,黑2托是很有意思的一步。

白3退,显然中计。

至白11的变化,可以看出黑2的便宜。

将来黑12长出角上即是活棋,对比图十四,白棋明显吃亏。

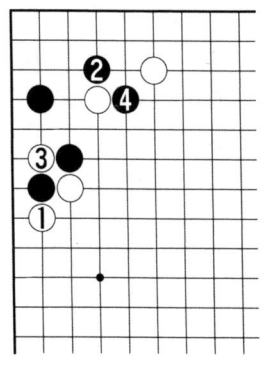

图十八 白3气合。可是,二路吃一子并无多少实惠。

黑4扳出,白角姓了黑,还是心疼啊!

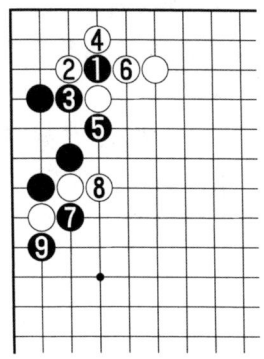

图十九 白2扳吃掉,黑棋通过弃子获得9位吃,形成有趣的转换。

局部得失不明。

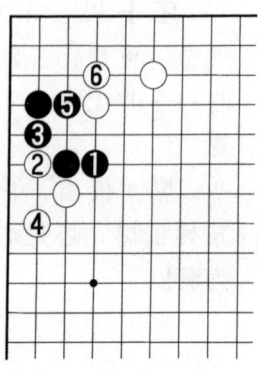

图二十 黑1长的下法少见，白2扳至白6，黑棋棋形不佳。

黑不好。

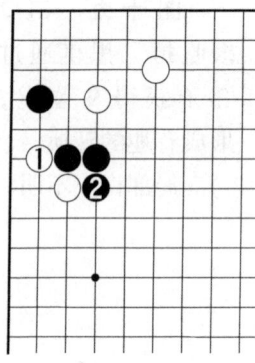

图二十一 白1扳的时候，黑2拐好手。

白棋没有好的下一手。

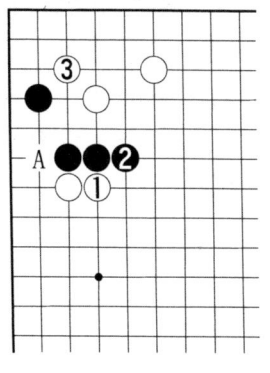

图二十二 白棋1位贴才是正确的下法。

白3尖角,下一手瞄着A位扳。

黑棋无趣。

看来,图二十长的应法,黑棋不能满意。

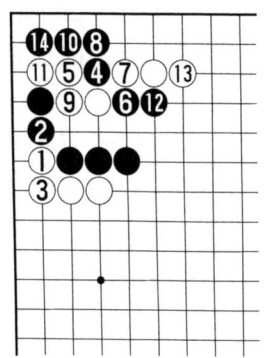

图二十三 白1扳,做人不能太狠。

黑4托,好棋。白棋反倒被杀。

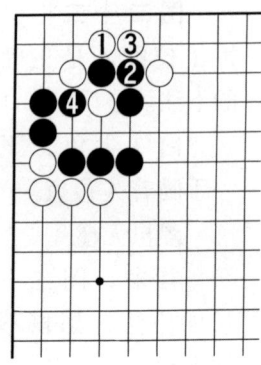

图二十四 白棋只能下边打,不过黑棋做活,白棋攻击落空,没有意义。

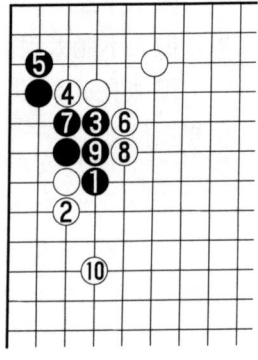

图二十五 黑棋还是上扳的应法居多。

以前还有过 3 位虎的下法。至白 8 有一段很流行,现在几乎绝迹了。

黑棋的形状是个刀把五的愚形,应该没有好的道理。

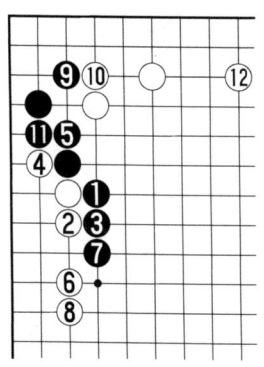

图二十六 黑3连压，变化至白12，大致两分。

这个变化曾经很流行。

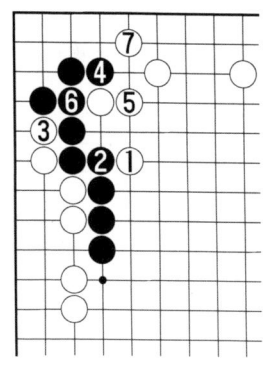

图二十七 上图中，白10保留是最新的结论。

将来，白棋留有3位挤，整体攻击黑棋的手段。

由于黑棋速度较慢，还留有整体不活的因素，职业棋手们开始不愿意选择黑棋的下法。

第十一届阿含桐快棋赛本赛

黑方 刘世振 白方 孔杰

黑中盘胜

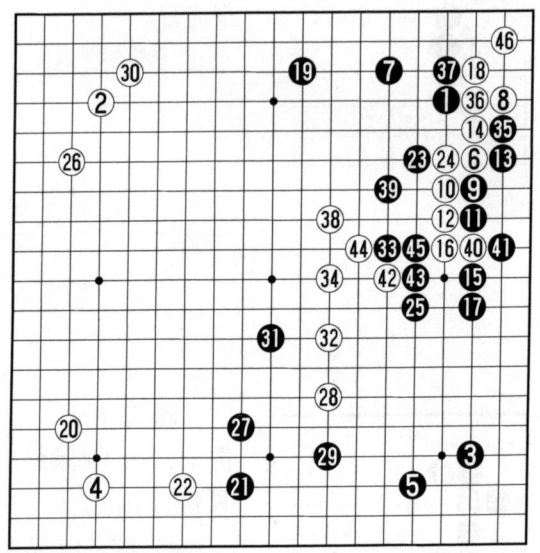

来看盘实战对局。

白30抢空过分,也是对黑35的搜刮手段准备不足。

黑31缠绕攻击,刘世振蓄谋已久。黑35突然亮刀,白棋被逼着46位苦活,孔杰想必痛苦不堪,局部遭受重创。

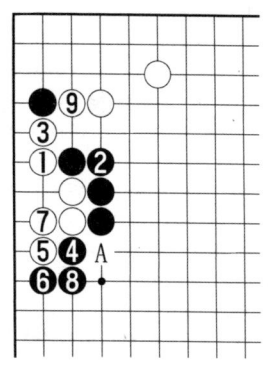

图二十八 曾经有过黑2粘的下法。

不过,将来A位的断点很讨厌。

黑棋不利。

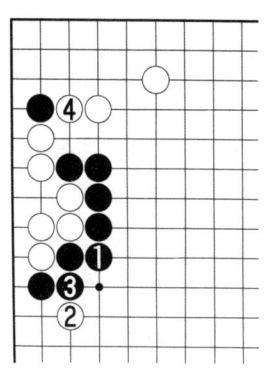

图二十九 黑1粘这里,白2先点是次序。

这样的结果,黑棋也不能满意。

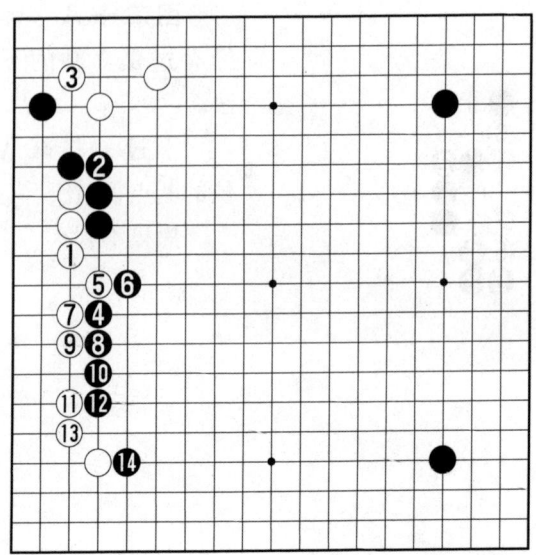

图三十 给大家讲讲黑棋压的意图。黑棋期待白棋 1 位退。

黑 2 接，白 3 尖不仅目数大，还关系到双方的眼位。但是黑 4 罩，更加严厉，以下变化大致如图。白棋没有太好的抵抗手段。这样全局都被黑棋压在了三线。白棋不行。所以，即使白 3 很诱惑人，但还是要保持冷静。

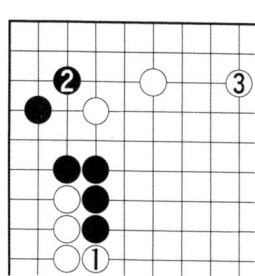

图三十一 白1拐，黑2尖，双方正常的应对。

不能说黑棋好，但至少黑棋达到了自己的目的。

2005年围棋甲级联赛

黑方　邹俊杰　白方　李劼

黑中盘胜

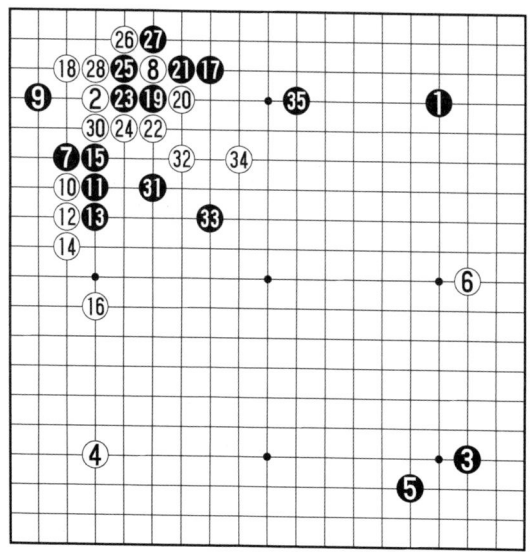

㉙=⑧

李劼实战是白16飞,如果我还是普通在18位小尖,与图二十七相比,我觉得有被白棋便宜的感觉。

所以,我选择黑17外围逼住。白18尖,黑19靠住紧凑。白20反击,至黑35形成激烈的战斗。很难判断局部的得失。不过,我本人更喜欢黑棋。

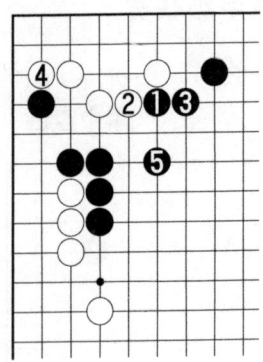

图三十二 白2顶之后,白4还需补活。

白棋不愿意被黑棋封锁。

以上三十几个图都是关于白棋靠的常见下法,变化相对简单一些。

此处先告一段落,我们进入中级篇。

中级篇

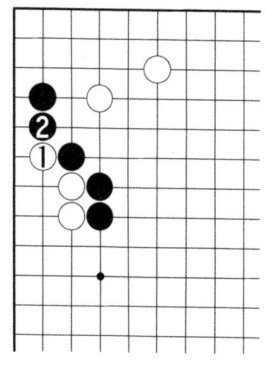

基本图二

进入中级篇,变化也会逐渐复杂起来。

基本图二 黑棋2位顶,少见。

这是我最先提出来的下法。然后和队友们进行了大量的研究。

记得2004年,睦镇硕还是我们贵州咳速停队外援的时候,我就这个问题请教过他。在毫无准备下的"木木"频频落入我设计的陷阱。

想想,连职业高手都难以防范的手段,您还不好好学学!

这里的变化很复杂,您一定要看仔细了。

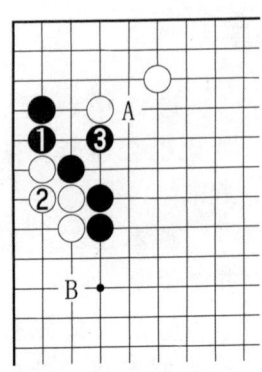

图一 对付黑1的顶。白2接是不能考虑的。黑2虎,棋形舒展,A、B两点黑必得其一。

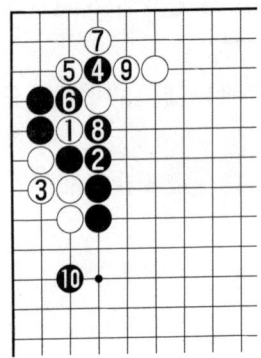

图二 白1断打分断黑棋。看起来很凶狠,但想法过于简单。至黑10白棋边上四子被笼罩,明显不行。

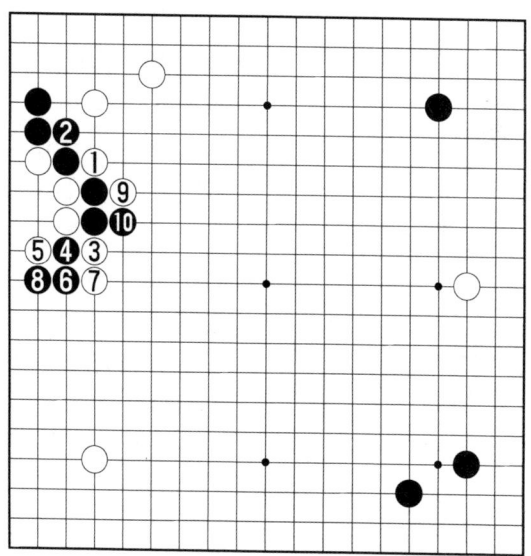

图三 那么,看起来白棋 1 位打是绝对的一手。白 3 扳,至 7 位压的手段黑棋不得不防。一旦,黑棋征子不利,黑棋将面临崩溃。我们试想一下,右下角的黑棋如果不是无忧角而是星位的话,那么黑 10 就不可能跑出来了。所以,基本图二的新手必须要在征子有利时,方可使用。

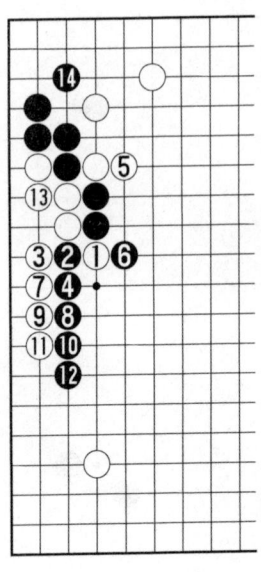

图四 这是我的一盘训练快棋的对局。对手由于对我的这步新手准备不足，没有下出正确的应手。至黑14的结果，白棋全在二路爬，而黑棋的角上是活棋。黑棋优势明显。

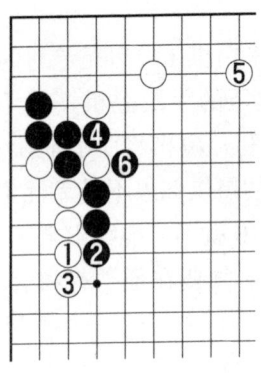

图五 这是睦镇硕和我摆出的变化。白棋简明退让，稳健。不过，我俩都认为这个图是黑棋好。当然，那个时候还停留在研究的初级阶段。随着研究的深入，变化也越来越复杂。

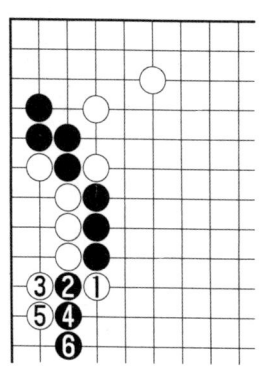

图六 白1扳,黑2断,白棋还是要在二路爬行。

苦战还是无法避免。

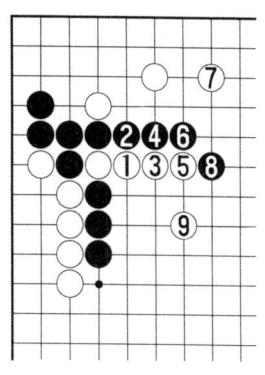

图七 白棋1位长出,战斗很复杂。

黑6贴,白棋担心角部被吃。

白7大致要跑。黑8扳头畅快,心情舒服,但形势难解。

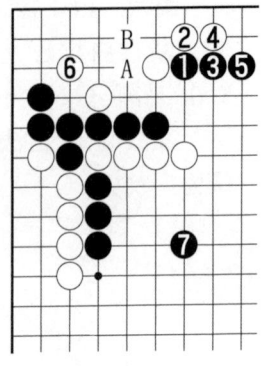

图八 黑先一步靠下,也是一法。

白 2 大致只有如此做活。

黑 7 跳与白棋对攻。将来黑 A 位夹,白只能 B 位虎。

此图好坏也不明。不过,我个人喜欢下黑棋。

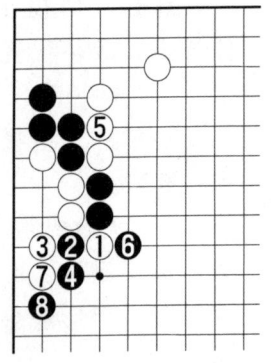

图九 这是我与韩国的金主镐在三星预选上的对局。

对手初次面对陌生的手段,难免会"中刀"。

白 5 粘的下法有疑问。

黑 8 扳下,狠手。当时的我,胸有成竹。但其实,手段并不成立。

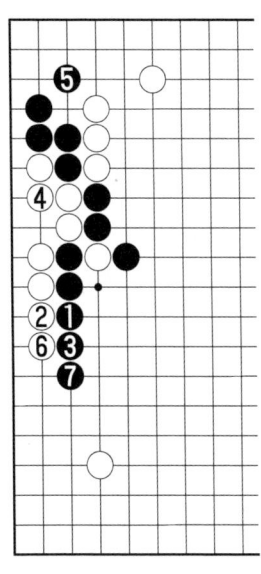

图十 黑1简单地长已经很好。白棋以下二路连爬，活得甚是委屈。

黑5尖，角上白棋也无法净吃黑棋。

此图，白棋不利。

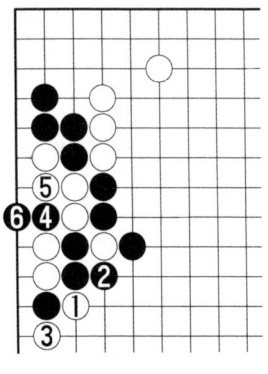

图十一 在下这盘棋之前，我对此局部做过一定的研究，但是还不够深入。之所以放弃简明有利的变化，信心满满地选择扳下的手段，原因是我被古力"骗"了。

我认为扳下才是最"黑"的下法。白1断打，是想当然的一手。但是接下来被黑4断打，由于白棋气紧，被黑棋巧妙地金鸡独立，上边白四子棋筋被杀，白棋不能接受。

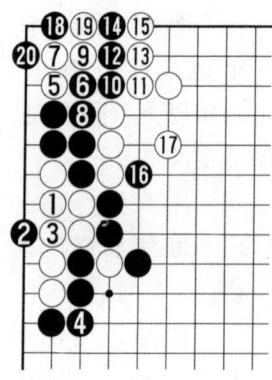

图十二 白1接，黑2点是次序。接下来，白5顶是紧气的唯一手段。

接下来，双方看起来是"一本道"的下法，形成紧气劫。

记得当时很多棋手在训练室研究，这是古力很快计算出来的变化。

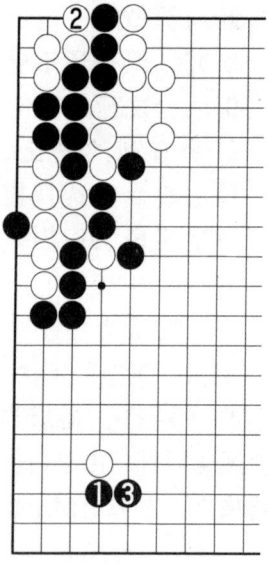

图十三 那么，黑棋可以在这样的情况下放着不走，在1位制造劫材。白棋角上有"定时炸弹"，无法用强，2位补棋是本手。转换的结果我们都认为黑棋好下。

摆到这里，古力哈哈一乐，大手一挥就否定了白棋的下法。开始追究前面白棋是否还有别的手段，这里的研究告一段落。

而事实上，我与金主镐的对局也正是如图进行的，我也因此，在布局阶段占到了一定的便宜。

其实，此局部对杀暗藏玄机，远非想象得简单。如果，对手下出正确的应手，我大概就会因为这个局部输掉一盘棋。这里的手段与其说是太难，不如说是太相信古力的计算。有时候，崇拜总是让人麻木啊！

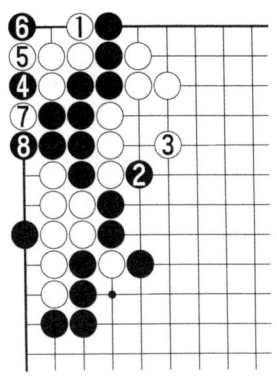

图十四 白1挡里面，对杀也是打劫。

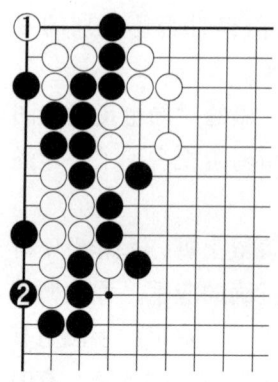

图十五 白1企图做一个有眼杀瞎。但是黑棋可以和下边白棋对杀，白棋依然不行。那么，白棋究竟问题出在了哪里呢?

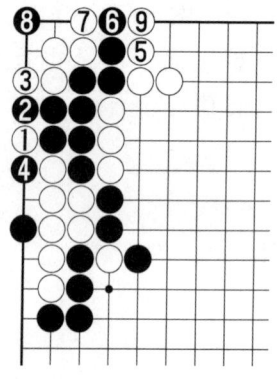

图十六 局后复盘，芮乃伟老师提出白棋应1位扳。这才是收气的要点。

原来，图十二中的白13夹是大俗手。以下变化对杀黑棋无论跟哪边杀气都要慢一气，黑棋被净杀。

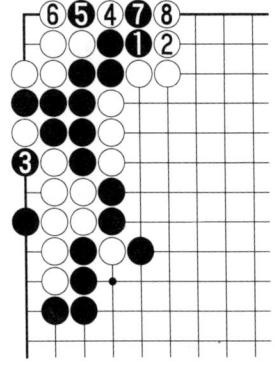

图十七 黑棋 1 位先拐，是最顽强的抵抗。黑 5 扑，局部的妙手。以下还是形成打劫。但是大家注意！这个劫是白棋缓一气的劫和前面所说的紧气劫白白相差了一手棋。那么，可以肯定这个变化黑棋明显不行。

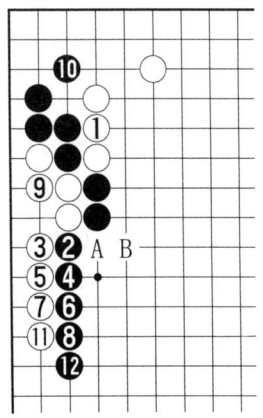

图十八 白 1 接是研究中期提出来的下法。

黑 2 如果还是扳，变化至黑 12，我们可以和图十作比较，白棋少做了 A、B 的交换，明显得利。

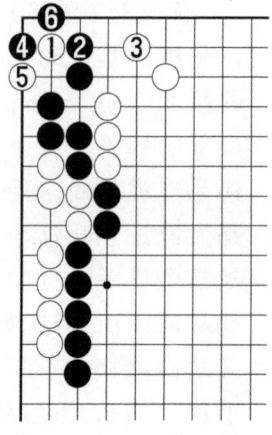

图十九 白棋二路连滚带爬甚是委屈。

不过，白棋1位点好手，局部形成打劫杀。

白棋可谓苦尽甘来。

此图的结果，我们认为白棋稍有利。

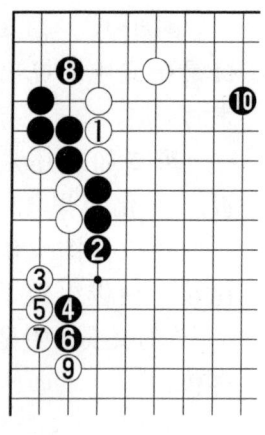

图二十 黑2长，有时候下棋含蓄一些，也不错。黑4、6先手便宜，然后8位活角，至黑10夹攻形成乱战。结果很难判断。但我个人比较喜欢黑棋，因为觉得白棋二路的子力还是太多。我们来看看此图的必然性在哪里。

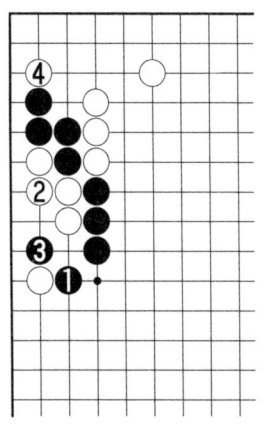

图二十一 黑1很想小尖,但白2粘是先手。不然白4顶,黑棋对杀不行。

大家可以按照前面图十七讲的杀法演算一下。

那么,黑3如去活角,被白棋外围扳起,黑棋就毫无意义了。

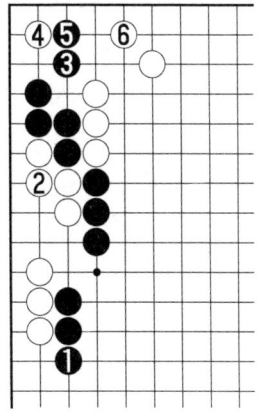

图二十二 黑1也很想长。但是白棋还是有4、6的杀棋手段。黑棋依然很难办。

看起来,图二十一是目前的正解。

就在我认为这个新手黑棋还不错,可以下结论的时候,孔杰又提出了新的见解。

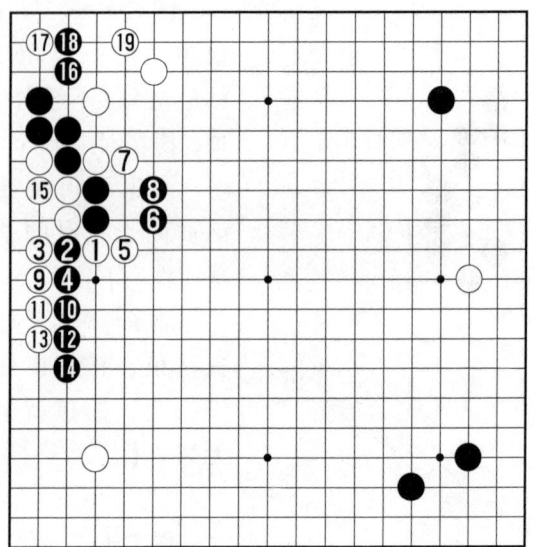

图二十三 白5长,以下变化至白19,双方几乎必然。

双方各有好几块棋纠缠在一起,头绪太多。

此图战斗很复杂,我也很困惑。

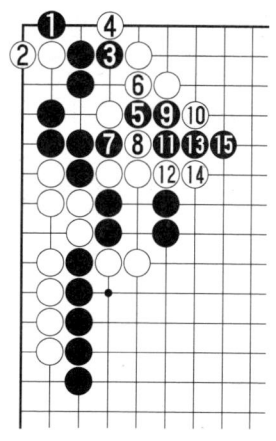

图二十四 值得注意的是，黑1扳，白棋不可2位强杀。黑5顶，好棋，变化至黑15，白棋崩溃。

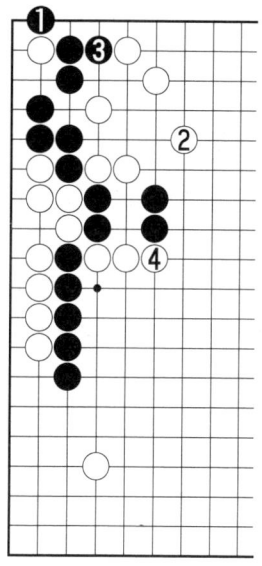

图二十五 白2飞是分寸。

黑3补活，白4压出作战。

战斗复杂，很难判断好坏。

基本图二顶的新手暂时告一段落，虽然变化很复杂，不过，我认为还是可以尝试的下法。尤其在对手没有防备的情况下，我相信您一定能收到很好的效果。

还等什么，赶紧打开电脑，3D以下的对手，我包你见一个砍一个！

高级篇

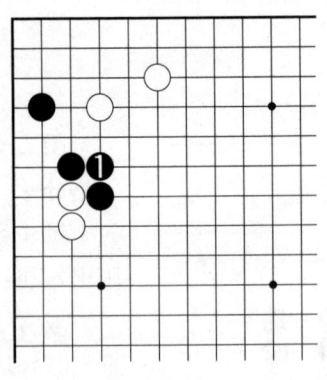

基本图三

基本图三 黑1单粘，印象中是俞斌老师最先提出来的下法。

第 七 篇

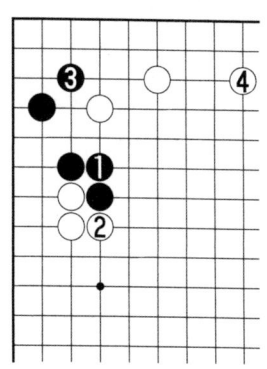

图一 白2拐简明,大致两分。

不过,黑棋达成意图。

从棋的气势上来看,白棋有示弱的感觉。

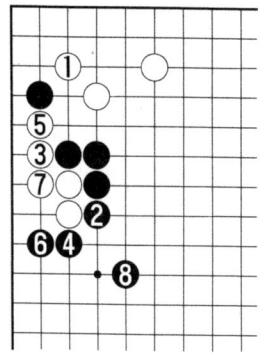

图二 白1尖,对实地敏感的棋手绝不会放过的好点。

黑2再压的时候,白棋肯定不会在4位长了。

至黑8,是最近比较流行的定型。

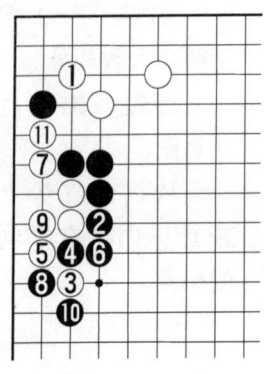

图三 白3跳，黑4挖粘紧凑。

白棋棋形不佳，缺乏好的应手。

白7扳，至白11形成转换。

相对于白棋的实地，更多棋手喜欢黑棋的厚实。

此图，白稍差。

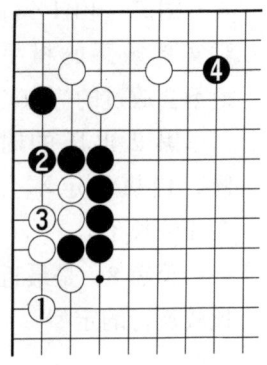

图四 白1虎，黑2立，白棋边上所得有限。

至黑4逼住，是白棋无趣的局面。

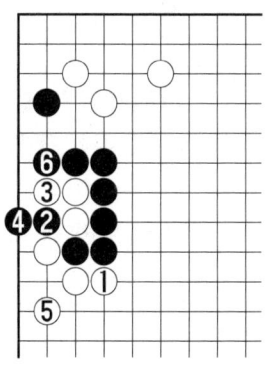

图五 白1贴。黑2断打，黑4立，局部巧手。

至黑6的变化，在对局中也出现过。

不过，从最近的对局来看，喜欢黑棋的棋手较多。

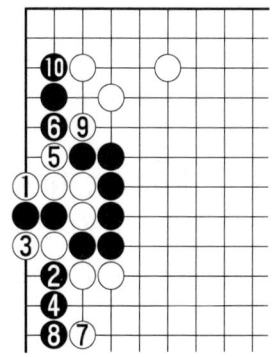

图六 白1吃，这是愚蠢的下法。

变化至黑10，白棋简单被吃。

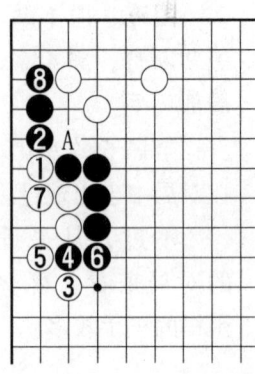

图七 白1扳，黑2顶中计。

白棋在3位跳，白7位先手接很舒服。

此图黑棋速度太慢。

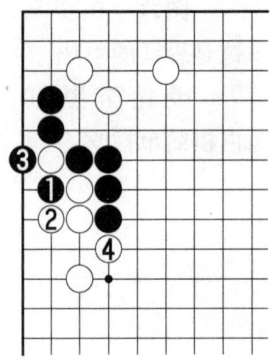

图八 黑1打拔，白4虎，形状舒展，黑棋依然不满。

从图七、图八的变化，我们可以看出图二定式的必然性。

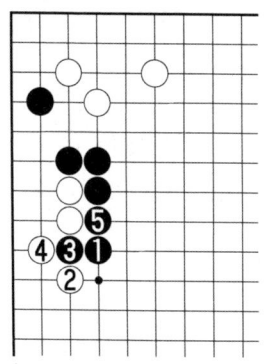

图九 黑1罩，期待白棋2位跳，黑3、5定型，黑棋可以满意。

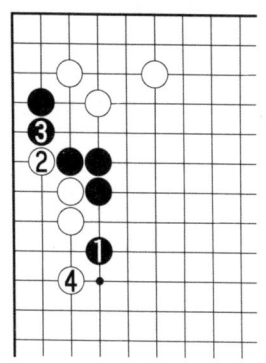

图十 白棋2位先扳，再4位跳出，才是正确的次序。

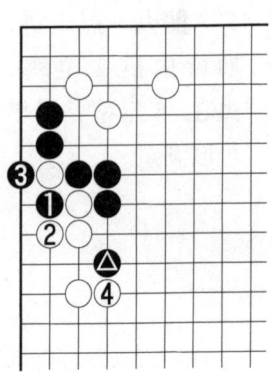

图十一 黑1简单打吃，白4贴起。

黑▲位成为损招，黑棋不能满意。

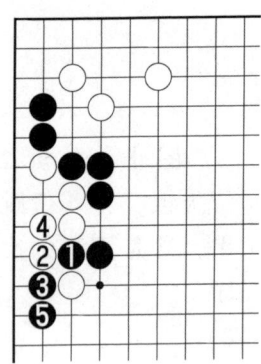

图十二 黑1、3冲断必然。

双方势成骑虎，接下来的变化非常复杂。

如此复杂的战斗，想必大多数的棋友都会有脑子一片空白，找不到头绪的感觉吧！我们不妨来看几盘职业高手的对局，或许能让你找到一些感觉。

第七篇

第二十二届永城杯中国围棋名人战
本赛第一轮

黑方　陈耀烨　白方　江维杰

黑中盘胜

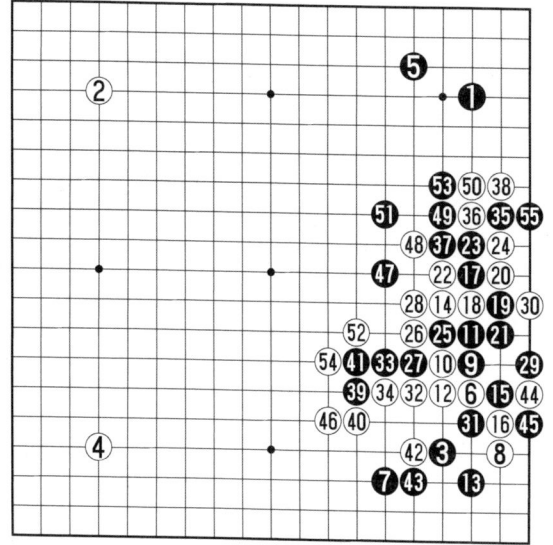

眼花缭乱的变化，让您身处云雾之中。

别着急，先看个大概，关于这里的玄妙之处，我会给大家一个详细的交代。

白44失误，忽略了黑47的好手。

至黑55下立，白棋整条边全部战死。

黑棋一举确立胜势。

第二十二届永城杯中国围棋名人战
本赛第二轮

黑方　柁嘉熹　白方　黄奕中

黑中盘胜

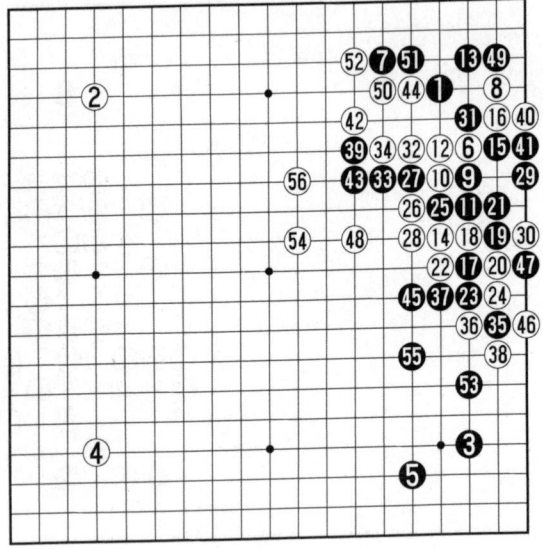

同一个比赛，相隔只有两天。看来，对局者都是有备而来，显得很自信。白40单立，老黄总结江维杰的教训。黑45突然变着，至白56形成转换。

"柁老"（不是很明白为什么把小柁叫老了几十岁）研究得更加细致，实战黑棋有利。

2009 金立手机杯围甲联赛第三轮

黑方　周鹤洋　白方　牛雨田

白中盘胜

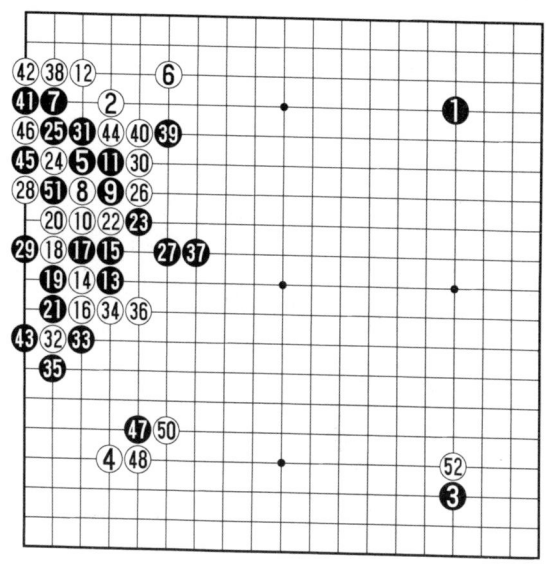

㊾=㊺

黑13大罩少见。白14托，白棋以不变应万变，黑15长，双方还原。

黑27虎，求变。

白32次序不够细腻。

黑39点，机敏。黑棋先手便宜。

黑41是局部的好手，以下形成打劫。

双方杀得昏天黑地。

细心的棋友也许会发现,以上三个实战例,都是以靠的一方获胜。

确实,以目前的结论来看,图十二中的战斗,黑方较为危险。

但如果您不清楚这里的变化,相信你一定挡不住对手的进攻。

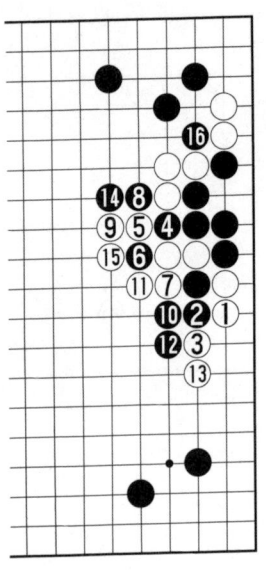

图十三 黑2压的时候,白棋只能在7位拐。

白3位拐,黑8先打是次序。

由于黑14贴是先手,黑16断,白棋角上被吃。

第 七 篇

图十四 白棋被一气包吃。

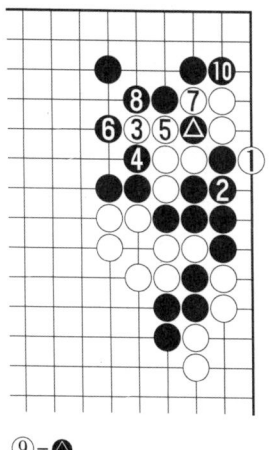

⑨=▲

图十五 白从 1 位拐,也一样跑不出去。

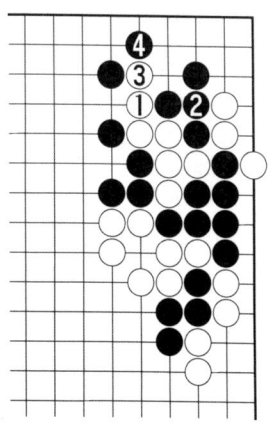

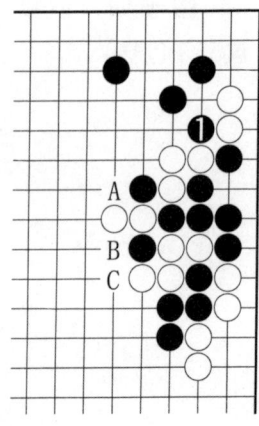

图十六 A位是黑棋绝对的先手,否则黑B位吃,然后再C位可以征吃白四子。

所以,黑1直接断是正确的次序。

白棋不行。

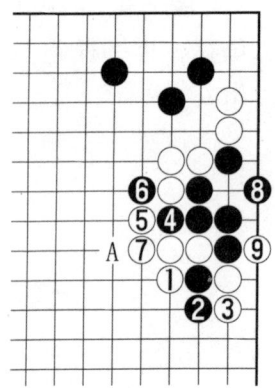

图十七 可以看出至黑6是双方正确的次序。

白7粘也有在A位虎的下法。那么,粘和虎的下法究竟有什么区别呢?

我们接着往下看。

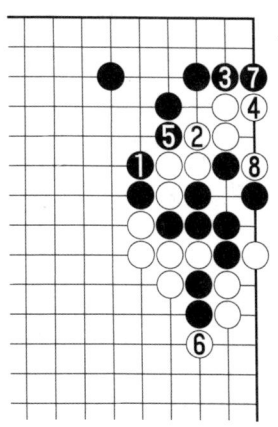

图十八 黑1压，白4是局部的巧手。

白6先征吃两子，局部再和黑棋打劫。

此图，黑棋不满。

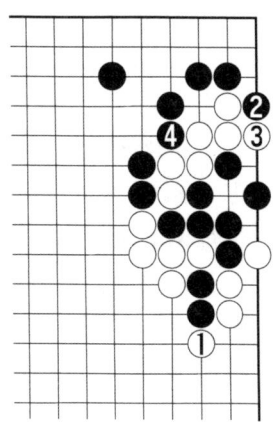

图十九 白1打吃，粗心。

黑2先扳，白棋被净吃。

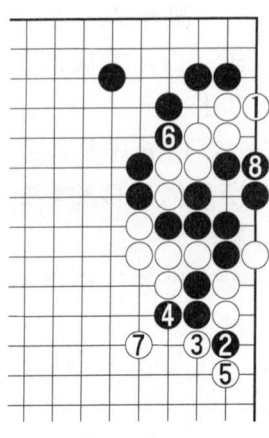

图二十 黑2扳,送一子虽可以吃掉白棋,不过白7夹吃,黑棋外围损失也很惨重。

此图黑棋不能满意。

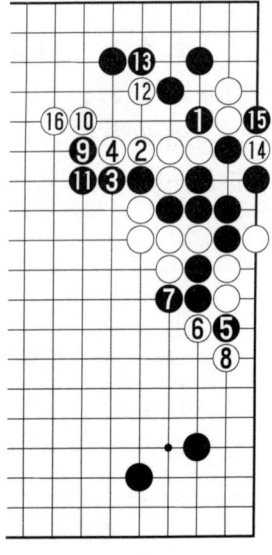

图二十一 由于黑棋对图二十的变化不满意,黑1断成为必然的一招。

变化至黑11双方必然,这也是陈耀烨对江维杰的实战进程。白14扑完再16长,棋友可能没搞懂白棋什么用意。

其实,这里白棋出现了误算。

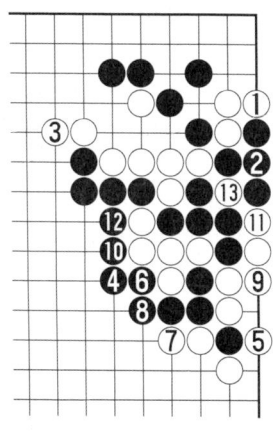

图二十二 白棋本意是想 1 位打吃，黑 2 粘，白 3 再长。黑 4 夹，白 5 变招。白 7 打吃，弃子之前先手便宜，很舒服。

以下至白 13 形成转换，白棋形势不错。

与实战相比，可以看出白 1 与黑 2 交换的重要性。

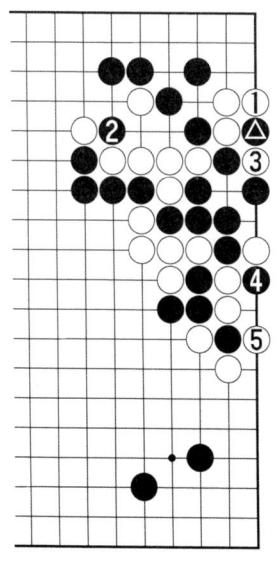

❻=▲

图二十三 可惜的是，白棋 1 位打吃，黑棋可以 2 位断。

由于黑棋有 4 位的绝对劫材。黑 6 提，白棋全局已经没有合适的劫材了。

这个劫，白棋显然输不起，此图白棋崩溃。

261

图二十四 白1长，江维杰回头是岸。黑2飞罩，然后黑6跳夹。陈耀烨步步紧凑，不给对手喘息的机会。

至黑10，黑棋一举确立优势。

图二十五 白棋如果执意下去，至黑6，典型的里生外熟。

白棋简单被杀。

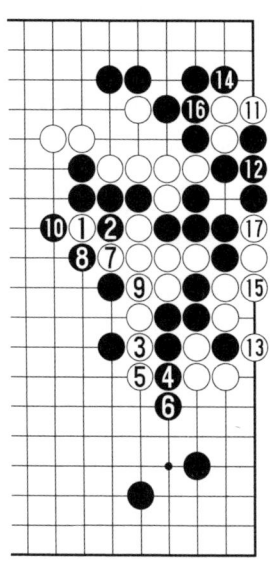

图二十六 白1靠，黑2不能过于用强。

变化至白17，黑棋"接不归"，棋筋反被吃。

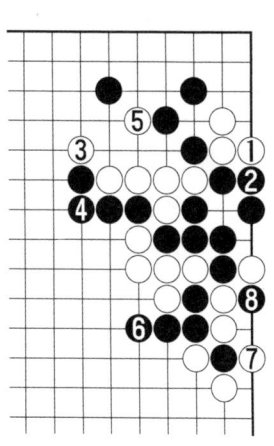

图二十七 看看黄奕中的实战。

白1先弯，次序很重要。

黑8扑，有微妙的便宜。

"柁老"在搞"老黄"的心情。

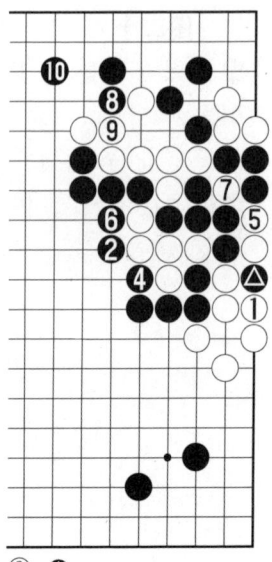

③=△

图二十八 从实战来看,白棋还是应该冷静地在1位提。

至黑10,白棋棋局稍差,但胜负还漫长。

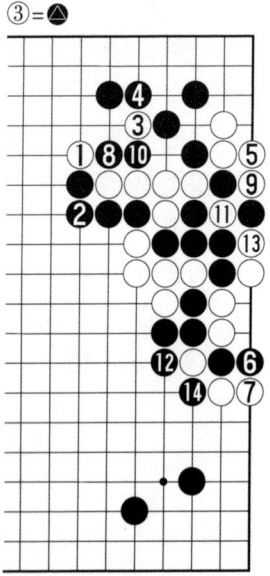

图二十九 白1、3次序有误。

白5弯时,黑6是制造劫材的好手。

至黑14的转换,黑棋明显得利。

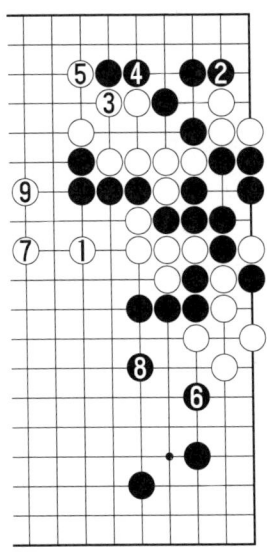

图三十 老黄咽不下这口气,愤然1位跳出。

黑2挡吃,白3此时在4位冲下已经没有多少价值。

黑6、白7双方各自抢攻。

至白9的转换,黑棋的实地还是太大。

白棋不乐观。

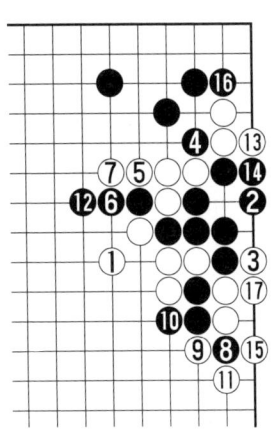

图三十一 来看看白1虎的下法。

黑12不能松气,否则,黑棋筋将被吃通。

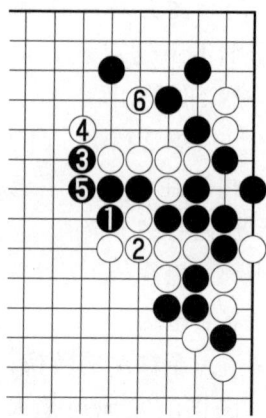

图三十二 黑棋只好如此紧气。

那么,很显然黑棋的棋形明显吃亏了。

看来,白棋虎的时候,黑棋是不能断了。

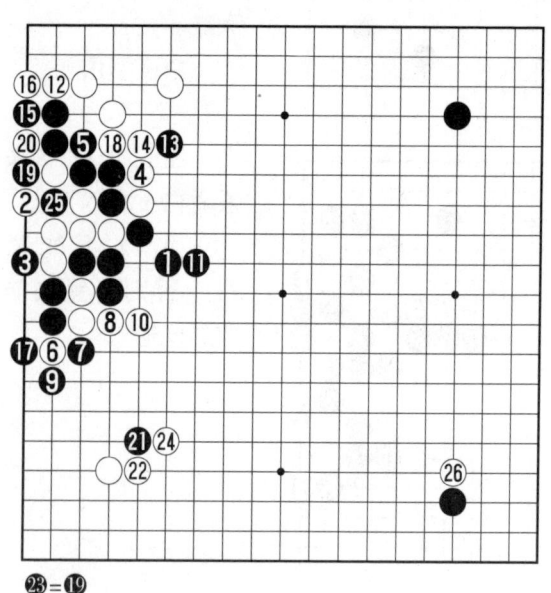

㉓=⑲

图三十三 我们再来看看周鹤洋与牛雨田

的实战。

黑1虎，白4压的选择正确。

白10长是先手，可以防住黑棋夹吃。这里可以看出黑棋1位虎和粘的区别。

至白26形成大乱战。

过程中，白6次序有误。

黑13机敏，黑棋获得细微的便宜。

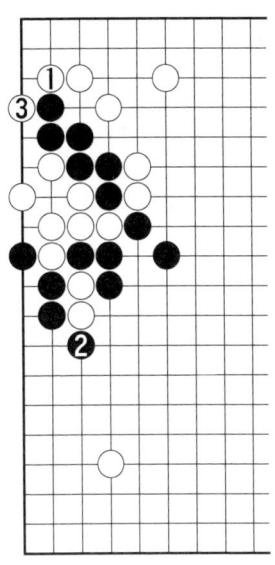

图三十四 白1先挡，细腻。

黑2如打吃，则形成转换。

白棋实地大，稍有利。

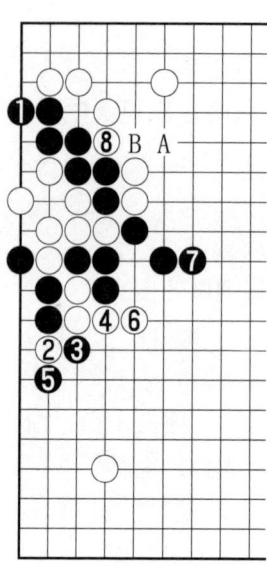

图三十五 黑1大致只好弯。

白棋再2位扳。

白8收气，A、B的交换黑棋已经无法走到。

如此，才是白棋的最佳次序。

看了如此之多的变化，要想一下全明白，那是不太可能的。

多看看，多摆摆，慢慢消化消化。吸收了，您的棋自然就提高了！

再来看一个有趣的变化。

第七篇

第十四届三星保险杯八强赛

黑方　李昌镐　白方　周睿羊

黑半目胜

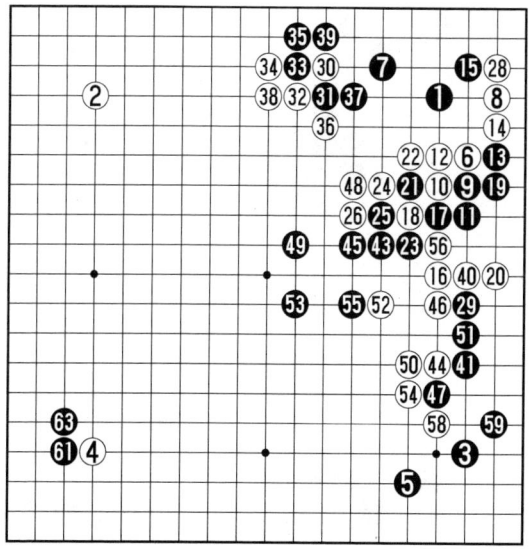

㉗㊿㉚=㉑　㊷㊱=⑱

布局阶段，李昌镐祭出黑13先扳的新手。但从实战来看，李昌镐的准备并不是很充分。

在赛后的采访中，李昌镐表示对白16反击的手段不熟悉，感到很困惑。

至黑63的局面，白棋优势明显。

可惜的是，年轻的"黑珍珠"（周睿羊的绰号，或许是肤色较黑的原因）并没能把握住大好的机会，后半盘一损再损，遗憾地半目告负。

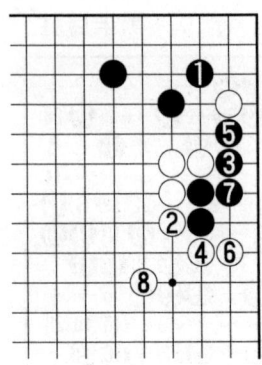

图三十六 李昌镐并不满足这样普通的定型。

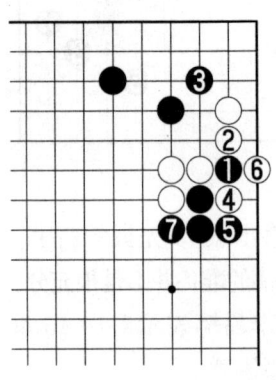

图三十七 这是李昌镐的理想图。

不过，即使下成这样。

黑棋是否一定好，也很难说。

只能说，李昌镐认为这样黑棋不错。

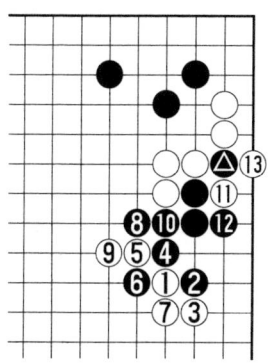

图三十八 白1确实有反击的心情。

黑2托,是正常的应法。

不过,被白11打吃,黑▲位变成损招,黑棋作战勉强。

那么,李昌镐的新手是否可行呢?我不能轻易地下结论。

这里的变化,还有待今后的研究。

留个悬念给大家。有机会的话,我再和棋友们继续探讨。

第八篇

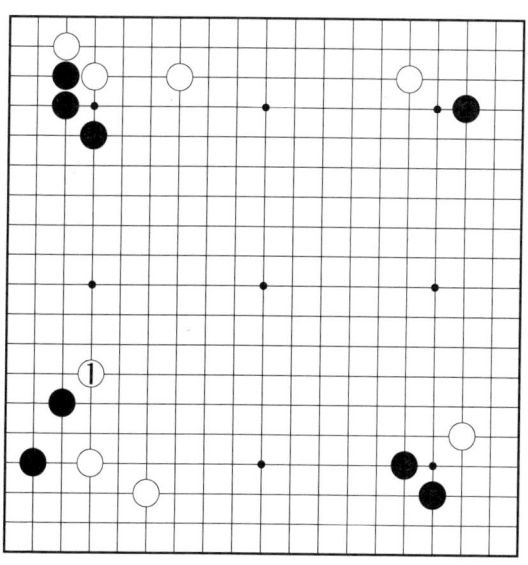

基本图

基本图所示是李昌镐持白对李世石的对局。白1尖冲，在这样的场合很少见。

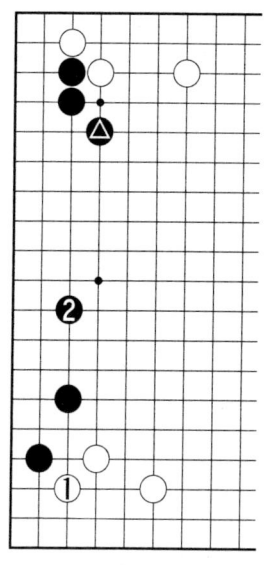

图一 在上方黑棋⚫位一带有子的情况下，白1小尖守角才是常见的下法。

也许棋友们会觉得白棋的肩冲早就有人使用过，应该不算什么新鲜的下法，更谈不上是什么新手。

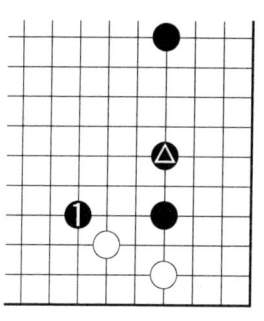

图二 在黑棋这样的配合下，黑1肩冲是常见的下法。

仔细想想就会发现与图一相比较，还是有明显的区别。

图二黑棋的子力更多，而且黑⚫位的位置处在高位，作战的时候会更有利一些。所以，虽然基本图中白棋1位肩冲的下法并不稀奇，但其中的内容是有很大区别的。可以说是场合的新手。

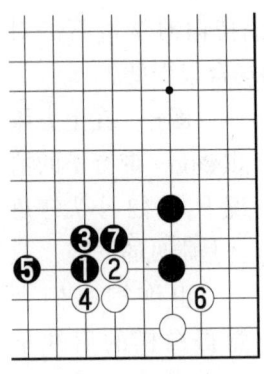

图三 这是以前最常见的下法。黑棋主导着中央的控制权，但付出角上的实地。

与图三黑棋是为了取势而肩冲不同，白棋基本图的肩冲更多的是为了实地而战！

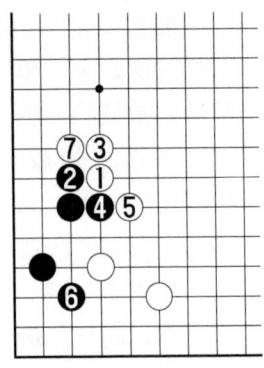

图四 黑棋2位爬是简明的一手。这样，双方都达到各自的目的。谈判很愉快，不需要激烈的争吵，达成双赢的结果。

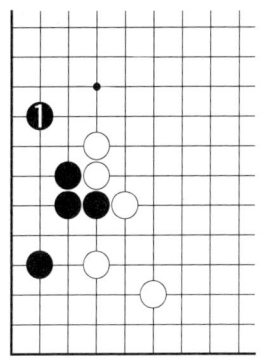

图五 黑1飞出，也可以。不过白棋达到先手压缩黑棋的效果，同样也没有任何不满。

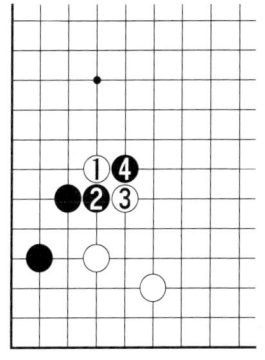

图六 李世石显然对图四和图五的选择均不满意。

黑2直接冲。这才是李世石的围棋。白棋要是3位扳住，黑棋肯定4位断。谈不拢，只有战斗。

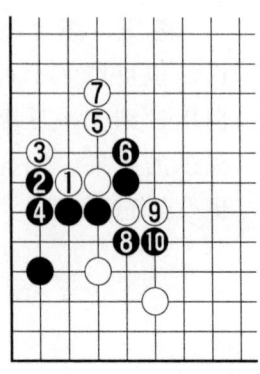

图七 接下来，白棋如果1位挡，以下至黑10贴出，从棋形来看，白棋有无理的感觉，白棋苦战。

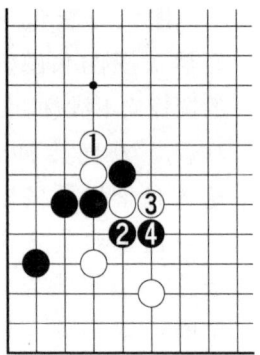

图八 白1长，看起来白棋也不怎么样。

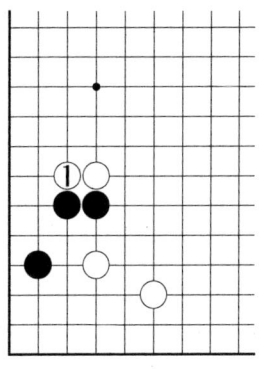

图九 看来当初白棋扳住过分了。白1贴下,是李昌镐早就想好的手段。

白棋的意思就是不想让黑棋在左边成空。现在的围棋,对目数那是相当敏锐。

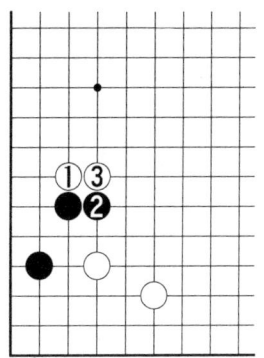

图十 我们换一种角度来分析。白棋1位靠,黑棋没有在3位扳,而是少见地2位长,白3贴也是很正常的一手。看来李昌镐对这个局部还是研究很深的。从这个图来分析,白棋应该没有坏的道理。

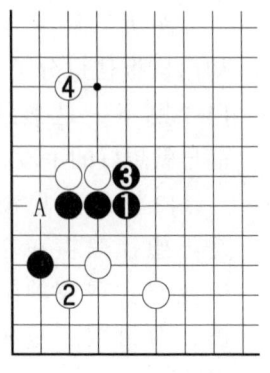

图十一 我们来看看实战的下法。黑1长应该是只此一手。白2尖，这里不仅仅是目数，还关系到双方的眼位，是很大的一步棋。黑3拐，李世石选择厚势。白4走得很轻巧，下一手瞄着A位的扳粘。黑棋在这一带就像和棉花较劲，有力无处使，李昌镐的"太极推手"果然厉害。

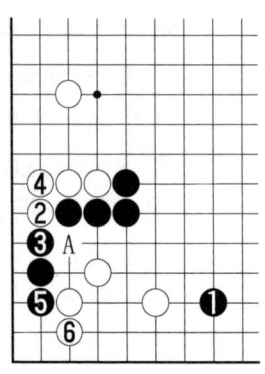

图十二 李世石还是一贯地强硬，选择黑1逼住。但白2扳粘极大，白6冷静立下。

黑棋A位的断点，不补被吃了很大，补的话形状也不好受。下成实战这样，李世石明显吃亏了。

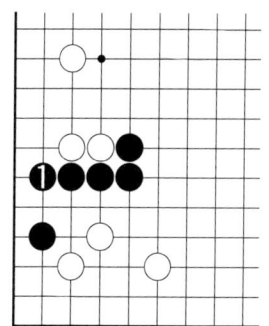

图十三 也许黑棋只好冷静地1位立下，该忍还是要忍的。

这样棋局还漫长。

从一开始气势凶猛的肩冲，突然之间，白棋全线转为防守。在攻与守之间，瞬间的变化，其中的分寸拿捏，看起来容易，但实际很难掌握。这正是高手厉害的地方。